연세 한국어 5-1

연세대학교 한국어학당 편

연세대학교 대학출판문화원

연세 한국어 **5-1**

편저자 연세대학교 한국어학당 교재편찬위원회
집필진 황인교 • 곽지영 • 박경희 • 서명숙
윤정화 • 황윤경 • 이지연 • 조하민
발행 연세대학교 대학출판문화원

주소 서울시 서대문구 연세로 50
전화 2123-3380~2
팩스 2123-8673
ysup@yonsei.ac.kr
http://www.yonsei.ac.kr/press
등록 1955년 10월 13일 제9-60호
인쇄 동국문화
삽화 디투웍스
녹음 (주)반도음반
성우 곽윤상 • 윤미나 • 전광주 • 홍소영

2013년 3월 5일 1판 1쇄 2020년 7월 15일 1판 8쇄
ISBN 978-89-97578-95-5(08710)
ISBN 978-89-97578-94-8(08710) (세트)

값 20,000원(CD포함)

머리말

국내 최고의 명성으로 한국어 교육의 50년 전통을 이어 온 연세대학교 언어연구교육원 한국어학당에서는 한국어 교육의 질을 높이기 위해 그 동안 많은 교재를 편찬해 왔다. 최근 한국과 한국 문화에 대한 세계인들의 관심이 높아지고 한국어를 배우고자 하는 해외동포와 외국인이 늘면서 한국어 교재에 대한 학습자들의 요구도 다양해졌다. 이에 따라 연세대학교 언어연구교육원 한국어학당에서는 다양한 학습자들을 대상으로 한국어와 한국 문화를 교육할 수 있는 새로운 교재를 출간하게 되었다.

연세대학교 언어연구교육원 한국어학당에서 출간하는 이 교재는 한국어 초급 학습자를 위한 '연세 한국어 1', '연세 한국어 2', 중급 학습자를 위한 '연세 한국어 3', '연세 한국어 4', 고급 학습자를 위한 '연세 한국어 5', '연세 한국어 6'의 총 6권으로 되어 있다. 각 교재는 학습자들의 한국어 능력에 따라 필요한 여러 가지 유형의 의사소통 기능을 집중적으로 향상시킬 수 있도록 구성되었다.

'연세 한국어'는 한국어 학습 단계별로 요구되는 내용을 주제로 대화가 구성되었으며 어휘와 문법에 대한 집중적인 연습뿐만 아니라 말하기, 듣기, 쓰기, 읽기 능력을 균형 있게 향상시킬 수 있도록 다양한 과제와 활동으로 구성된 통합형 교재이다. 또한 학습자들이 흥미를 가질 수 있는 주제와 장면을 기초로 여러 가지 의사소통 기능을 수행하면서 학습자가 중심이 되어 한국어를 배우고 익힐 수 있도록 배려하였다.

'연세 한국어'가 연세대학교 언어연구교육원 한국어학당에서 공부하는 학생들뿐만 아니라 한국어를 정확하게 이해하고 구사하려는 모든 한국어 학습자들에게 도움이 되기를 바란다.

연세대학교 언어연구교육원
한국어학당 교재편찬위원회

일러두기

- 연세 한국어 5는 한국어를 배우려는 외국인과 교포 성인 학습자들을 위한 고급 단계의 책으로 총 10개의 과로 이루어져 있으며, 각 과는 3개의 항으로 이루어져 있다.'연세 한국어 5'는 고급 수준의 한국어 숙달도를 지닌 학습자가 꼭 알아야 할 주제를 중심으로 구성되었으며 이와 함께 필수적인 어휘와 문법, 문화를 소개함으로써 한국어 능력을 향상시키고 아울러 한국에 대한 이해를 넓히고자 하였다.

- 각 과의 앞에는 해당 과의 제목 아래에, 각 항의 제목과 과제, 어휘, 문법, 문화를 제시하여 각 과에서 다룰 내용을 한 눈에 알아보기 쉽게 하였다. 그리고 매 과의 마지막 항은 복습 항으로 그 과에서 다룬 내용을 종합적으로 복습할 수 있도록 하였다. 문화 부분은 각 과의 주제와 관련된 내용을 선정하여 다루었다.

- 각 과의 제목은 주제에 해당하는 명사로 제시하였으며, 각 항의 제목도 소주제에 해당하는 명사로 제시하였다.

- 각 항은 제목, 학습 목표, 사진과 질문, 시각 자료와 질문, 본문 대화와 질문, 어휘, 문법, 과제의 순서로 구성되어 있다.

- 학습 목표에는 학습자들이 학습해야 할 의사소통적 과제와 어휘, 문법을 제시하였다.

- 사진과 질문은 1단계 도입으로 학습자를 본문 대화의 상황으로 자연스럽게 끌어들일 수 있도록 본문 대화의 상황을 쉽게 연상시킬 수 있는 사진과 함께 관련 질문을 제시하였다.

- 시각 자료와 질문은 강화된 도입 단계로 학습자가 주제에 대한 흥미와 호기심을 가질 수 있도록 그래프, 기사 제목, 사진이나 그림 등의 다양한 시각 자료와 함께 질문을 제시하였다.

- 본문 대화는 각 과의 주제와 관련된 가장 전형적이고 대표적인 대화 상황을 8명의 주요 인물 중심으로 설정하였고 필요한 경우 기타 인물도 설정하였다. 본문 대화는 보통 3~4개의 대화 쌍으로 구성하였으며 내용 이해 질문과 대화의 내용과 관련된 말하기 짝활동을 포함시켰다. 본문에 나오는 새 어휘는 대화 아래에 따로 제시하였다.

- 어휘는 각 과의 주제와 관련된 어휘 목록을 선정하여 그 의미나 쓰임새에 따라 범주화 하여 제시하였고 담화 맥락 속에서 연습이 이루어지도록 하였으며 마지막으로 연습한 어휘를 학습자가 직접 사용해 볼 수 있게 하는 활동을 포함시켰다.

- 문법은 각 과에서 다루어야 할 핵심 문법 사항을 각 항마다 2개씩 추출하여 담화 맥락 속에서 문법이 유기적으로 연결되어 나타나는 모범 예시문을 통해 제시하였다. 두 개의 문법을 각각 연습한 후에는 두 문법을 연결하여 사용해서 담화 차원의 생산을 유도하는 활동을 포함시켰다.

- 과제는 학습 목표에서 제시한 의사소통 기능에 부합되는 것으로 각 항마다 2개를 제시하였으며 주제 관련 통합 과제로서 듣기나 읽기로 시작하여 말하기나 쓰기로 마무리하도록 구성하였다.

- 각 과의 마지막 부분에는 문화와 문법 설명을 제시하였다.

- 문화는 각 과의 주제와 관련된 한국 문화를 선정하여 정보나 지식을 설명하는 방식으로 기술하였다. 아울러 학습자로 하여금 자국의 문화와 비교, 분석해 보게 하는 등 비교문화적인 관점을 바탕으로 언어 학습 활동과 연계하도록 구성하여 그 내용이 문화적 지식에 그치지 않고 한국어 능력과 통합적으로 학습될 수 있도록 하였다.

- 문법 설명은 각 과에서 다루는 문법에 대한 설명과 함께 각각 4개의 예문을 제시하였다.

- 색인에서는 각 과에서 다룬 문법과 어휘를 가나다 순으로 정리하였으며 해당 본문의 과와 항을 함께 제시하였다.

차례

5-1

5-2

내용 구성

	제목	소제목	과제	어휘	문법	문화
01	언어와 생활	한국어 배우기	학습 경험에 대한 인터뷰 기사 쓰기	한국어 학습	-을 거라고는 생각조차 못했다	한국어의 호칭이나 경어법을 결정하는 요인
			학습 방법 조언하기		-을수록 -어지고는 있지만	
		어렵고도 쉬운 한국말	적절한 높임말 사용하기	등급에 따른 호칭	-오/ -소/ -구려 (하오체)	
			모국어와 한국어의 호칭 비교하여 설명하기		-네/ -나?/ -게/ -세 (하게체)	
02	직업과 직장	직업관	가치관과 직업에 대해 조사하여 발표하기	적성, 성격, 가치관	-음에도 불구하고	직업 풍속도
			기업이 원하는 인재상 발표하기		-도 -거니와	
		직장 내에서	사내 공고문을 읽고 아이디어 제시하기	직장 부서와 업무	-에다가 -까지	
			직장 생활의 어려움에 대해 조언하기		-을 때 -어야 -지	
03	일상 생활과 여가 문화	한국인의 현대 일상생활	현대 일상 문화의 가치에 대해 토의하기	현대인의 식생활	-긴 -나 보다	옛날의 공휴일
			한국인의 일상 문화 분석하기		-길래	
		현대인의 여가 문화	올바른 여가 문화에 대해 토론하기	여가	-기는커녕	
			여가 및 기타 주제에 대해 설문 조사하기		-을뿐더러	
04	과학과 기술	인터넷과 인간	인터넷 기사에 댓글 달기	인터넷	-데요	정보화 시대의 문자 -한글-
			대담 듣고 사이버 공간에 대해 설명하기		-더라고요	
		과학과 미래	과학과 기술의 발달과 그 영향에 대한 기사 쓰기	과학, 의학	-되	
			첨단 과학 시대의 가치관에 대해 토론하기		-는 한	
05	생활과 경제	소비 생활	소비 성향에 대한 설문 조사 결과 발표하기	현대인의 소비 생활	-어서 -을래야 -을 수가 없다	개성상인
			합리적인 소비에 대해 조언하기		-을까 말까 생각 중이다	
		개인 경제 활동	여러 가지 재테크 방법에 대해 발표하기	재테크	-는다고	
			바람직한 경제생활에 대한 편지글 쓰기		-더라도	

	제목	소제목	과제	어휘	문법	문화
06	대중 문화와 예술	한국의 대중문화	대중문화 현상에 대해 발표하기	대중 예술	-는다고도 할 수 있다	고려청자
			각 나라 영상 문화의 특징을 비교하여 발표하기		-는 듯싶다	
		한국의 전통 예술	국악의 대중화에 대해 토의하기	전통 예술	-으니 어쩌니 해도/ -이니 뭐니 해도	
			한국 풍속화에 대해 설명하기		-은들 -겠어요?	
07	전통과 변화	가족의 변화	가족 형태에 대해 토의하기	가족의 형태와 그 변화	-는다기보다는	3년상과 49재
			가족의 변화로 인한 사회 현상에 대해 토론하기		-자니 -고 -자니 -고 해서	
		한국의 의례	현대 결혼식 풍속에 대해 발표하기	관혼상제	-같아선	
			통과 의례의 의의에 대해 토의하기		-을 것 까지는 없겠지만	
08	삶과 배움	한국인의 교육관	바람직한 교육에 대해 글쓰기	한국의 교육 제도	-으랴 -으랴	배움과 선비
			체벌에 대해 토론하기		-다 보니 그로 인해	
		평생 학습	평생 학습 프로그램에 대해 조사하여 발표하기	평생 교육	-는 만큼	
			평생 학습 계획에 대해 발표하기		-지 않고서는	
09	자연과 환경	인간과 자연	볼 만한 자연 소개하기	자연	-으리라 생각하던/ 이야기하던/말하던	한국의 땅 -한반도-
			멸종 위기의 생물에 대하여 조사 발표하기		-을 수 없으리만치	
		환경 보호	대담 듣고 환경 보호의 사례 발표하기	환경 파괴와 보호	-을 줄만 알았지	
			환경 문제의 해결책에 대해 토론하기		-을 게 아니라	
10	개인과 공동체	이웃과 나	봉사와 기부에 대한 표어 쓰기	봉사	-다시피 하다	진정한 부자 -경주 최 부잣집-
			봉사와 기부에 대한 설문 조사 결과 설명하기		-이라도 -을까 보다	
		세계 속의 나	국제 봉사의 방법에 대해 발표하기	국제기구와 그 활동	-을 통해	
			바람직한 세계화의 실천 방안에 대해 글쓰기		-음으로써	

나 오 는 사 람

톰슨 제임스
미국 기자

요시다 리에
일본 은행원

제임스의 하숙집 친구

츠베토바 마리아
러시아 대학생

제임스의 반 친구

왕 웨이
중국 회사원(연세무역)

제임스의 반 친구

김미선
한국 대학원생

마리아의 방 친구/민철의 여자 친구

정민철
한국 여행사 직원

미선의 남자 친구

이영수
한국 대학생

제임스와 리에의 하숙집 친구

오정희
한국 회사원(연세무역)

웨이의 회사 동료

제1과 언어와 생활

01
제목 | 한국어 배우기
과제 | 학습 경험에 대한 인터뷰 기사 쓰기
학습 방법 조언하기
어휘 | 한국어 학습
문법 | -을 거라고는 생각조차 못했다, -을수록 -어지고는 있지만

02
제목 | 어렵고도 쉬운 한국말
과제 | 적절한 높임말 사용하기
모국어와 한국어의 호칭 비교하여 설명하기
어휘 | 등급에 따른 호칭
문법 | -오/ -소/ -구려 (하오체)
-네/ -나?/ -게/ -세 (하게체)

03
정리해 봅시다

- 문화
한국어의 호칭이나 경어법을 결정하는 요인

01 한국어 배우기

학습 목표
- 과제 학습 경험에 대한 인터뷰 기사 쓰기, 학습 방법 조언하기
- 문법 -을 거라고는 생각조차 못했다, -을수록 -어지고는 있지만
- 어휘 한국어 학습

여러분은 어디에서 한국말을 배웠습니까?
왜 한국말을 배웁니까?

한국어 교육 기관의 국적별 한국어 학습 목적

국적	한국어 학습 목적						계(%)
	한국에 대한 관심	대학(원) 진학	한국인이기 때문에	직장/업무 관계로	취업하기 위해	기타	
영어권	0.5	0.8	**1.3**	0.5	0	0	3.4
일본	**23.7**	2.6	2.9	3.2	4.5	4.0	40.9
중국	3.7	**6.9**	0.3	2.1	2.4	1.6	16.9
한국	3.2	0.8	**11.3**	0.0	1.6	1.6	18.58
기타	**4.3**	2.4	2.9	3.2	3.4	4.2	20.3
계	**35.7**	13.5	18.7	9.0	12.1	11.3	100.0

위 표를 보고 한국어를 배우는 목적에 대해 이야기해 봅시다.

대화

CD1:01~02

웨이 제임스 씨는 신문 기자라는 직업상 필요해서 한국어를 배우게 되셨다고 하셨지요?

제임스 네, 아시다시피 갑자기 한국 지사로 파견되는 바람에 한국어가 당장 필요했거든요.

웨이 저도 그래요. 저도 우리 회사 일 때문에 한국어를 배우는 거예요.
일하면서 배우려니 공부할 시간은 없고 갈수록 문법은 복잡해지고. 그래서 걱정이에요.

제임스 그렇지요. 처음 가나다라를 배울 때만 해도 좋았지요? 그때는 이렇게 문법이 어려울 거라고는 생각조차 못했잖아요. 참, 리에 씨는 한국말을 배우는 특별한 이유가 없다고 하셨지요?

리에 네, 저는 한국 문화를 접하고 싶어서 한국에 왔어요.
사실 요즘 갈수록 문법이 복잡해지고는 있지만 한국어로 말하는 게 점점 재미있어져서, 저는 요즘 정말 즐거워요.

웨이 정말 부럽네요. 리에 씨는 즐기면서 배우고 계시네요.

01 다음 사람들과 각기 한국어를 배우는 이유를 맞게 연결하십시오.

제임스 ●	● 한국 문화
웨이 ●	● 회사 일
리에 ●	● 지사 파견

02 위 대화에서 웨이 씨가 리에 씨를 부러워하는 이유는 무엇입니까?

03 한국어를 배우게 된 동기에 대해서 친구와 이야기해 봅시다.

[보기] 가 : 어떻게 한국어를 배우게 되셨어요?
나 : 글쎄요, 한국 노래를 좋아해서 자주 듣다보니 한국말을 배우고 싶어졌어요.

알다시피 지사 파견 당장 접하다

어휘 한국어 학습

01 다음 표현을 익히고 빈칸에 알맞은 말을 골라 쓰십시오.

말하기	토론, 토의, 면접, 인터뷰, 발표, 연설, 강의
듣기	인터뷰, 뉴스, 강의, 설교
읽기	신문 기사, 칼럼, 사설, 전공 서적, 논문, 평론, 문학 작품
쓰기	개요, 소개서, 감상문, 설명문, 논설문

1) 이제부터 두 팀으로 나누어 이 문제에 대해 찬반 (   )을/를 하도록 하겠습니다.
2) 입사 시험에 한국어 (   )이/가 있어서 예상 질문을 만들어 연습하고 있어요.
3) 아나운서들의 말하는 속도가 빨라서 (   )을/를 듣고 이해하기가 쉽지 않아요.
4) 우리 대학교에서 제일 인기 있는 (   )이라서/라서 그런지 수강생이 너무 많아요.
5) 이제 신문에서 여러 분야의 전문가가 쓴 (   )은/는 어렵지 않게 읽을 수 있지만 당시의 시사적인 문제를 다루고 있는 (   )은/는 정말 아직도 이해하기가 어렵더군요.

02 여러분은 5급에서 무엇을 배우고 싶습니까? 다음 표에 표시하고 배우고 싶은 것을 메모한 후에 보기와 같이 이야기해 봅시다.

말하기	발음 토론 인터뷰 발표	✓	받침 발음
듣기	방송 뉴스 강의		
읽기	신문 기사 전공 서적 문학 작품		
쓰기	개요 소개서 감상문 논설문		

[보기] 저는 정확하게 발음하는 방법을 알고 싶어요. 여전히 받침 ㄴ, ㅁ, ㅇ을 구별해서 발음하기가 쉽지 않거든요.

문법

01 다음 글을 읽고 문법 및 표현을 익혀봅시다.

나는 처음에는 신문 기자라는 직업상 필요해서 한국말을 배우기 시작했다. 사실 1년 전 한국 지사에 파견되기 전까지 한국이라는 나라는 내게는 아주 먼 나라였다. 당연히 이렇게 내가 한국말을 배우게 **될 거라고는 생각조차 못했었다.** 지금은 한국말을 배우는 게 아주 즐겁다. **갈수록 조금씩 어려워지고는 있지만** 도전을 좋아하는 나에게는 그게 매력적이기도 하다. 어서 빨리 한국말을 잘 하고 한국에 대해서도 더 깊이 알게 됐으면 좋겠다.

-을 거라고는 생각조차 못했다

1) 빈 곳에 알맞게 쓰십시오.

한국어를 배운 후 외국어 책이 재미있음을 알게 되었다

한국말을 배우기 전까지 외국어 책이 이렇게 재미있을 거라고는 생각조차 못했다.

음치이던 내가 외국 노래를 즐겨 부르게 되었다.

음치이던 내가 ______________________.

5급인데도 맞춤법이 틀린다.

______________________.

액션 영화가 그렇게 지루하다니!

______________________.

더운 날씨 때문이 아니라 입에 안 맞는 음식 때문에 고생이 심했다.

______________________.

-을수록 -어지고는 있지만

2) 다음을 연결하고 보기와 같이 이야기해 봅시다.

친구가 많아지다 ●	● 문법이 복잡하다 ●	● 말하기는 점점 재미있어진다.
단어를 배우다 ●	● 외울 단어가 많다 ●	● 외국어 공부는 재미있다.
한국어를 공부하다 ●	● 한국생활이 즐겁다 ●	● 얘기는 뒤죽박죽이 되어 가고 있다.
이야기를 하다 ●	● 함께 있는 시간이 길다 ●	● 공부할 시간을 내기가 어렵다.
사귀다 ●	● 목소리가 크다 ●	● 열정은 처음 같지 않아 틈틈이 시계를 힐끔거리곤 했다.

[보기] 한국어를 공부할수록 문법이 복잡해지고는 있지만 외국어 공부는 재미있다.

02 다음 표를 채우고 '-을수록 -어지고는 있지만, 었으면 좋겠다'를 사용해 위 글과 같이 써 봅시다.

	위글	자신의 경우
한국어를 배우는 동기	직업 상 필요해서	
외국어를 배우는 과정	갈수록 조금씩 어려워지고 있지만 도전이 즐겁다	
외국어를 배워서 하고 싶은 것	한국이라는 나라를 깊이 알게 되었으면……	

과제 1 읽고 쓰기

다음 글을 읽고 질문에 답하십시오.

한국인보다 한글 더 잘 쓰는 시민기자'데니스 하트'

정말 미국인 맞나? 어떻게 그렇게 한국말을 잘하나?

"미국인 맞습니다. 1952년 플로리다의 잭슨빌이란 도시에서 태어났습니다. 세 살 때 부모님이 나한테 묻지도 않고 뉴욕 주의 시라큐즈로 이사를 하셔서 그곳에서 쭉 살았습니다. 지금은 오하이오주 애크런시에 살고 있고, 켄트주립대학교에서 정치학과 부교수로 재직하고 있습니다. 전 평범한 중산층 가정의 미국인입니다."

날 때부터 미국에 살았는데 어떻게 그렇게 한국어를 잘 하나? 혹시 한국어가 제2의 모국어 아닌가?

"제2 모국어? 아닙니다. 제2 외국어가 맞습니다. 한국어는 그저 제2 외국어에 불과합니다. 그래서 배우는 데 정말 고생 많이 했습니다. 해군에 입대해서 처음 한국어를 접했습니다. 예전에 한때 미국도 징병제를 한 적이 있었습니다. 기본 훈련을 받은 후 국방 언어 학교에 입학 신청을 했는데, 한국어 반에 배정됐습니다. 군대에서 시키면 시키는 대로 해야 하니까요. 그래서 난생 처음 한국어를 배우게 되었습니다. 해군 시절, 한국의 시골에서 2년 반 정도 근무를 했습니다. 그리고 전공이 '한국 정치학'이라 자연히 한국어를 열심히 공부했고, 박사 학위 논문을 쓸 때는 연구차 한국에서 3년 정도 살았습니다. 그래서 기사는 쓸 정도로 한국어를 할 수 있게 된 겁니다. 지금도 누가 나에게 '아유, 한국어 잘 하시네요.' 하시면 '쥐꼬리만큼 한다'고 대답합니다. 정말 아직 멀었습니다."

데니스 하트 교수는 '쥐꼬리만큼'하는 한국어로 기사를 쓰고 매번 독자들에게 좋은 반응을 얻고 있다.

혹시 대학에서 한국어도 가르치나?

"내가 한국어를 가르쳤다가는 여러 사람 망칩니다. (웃음) 내 전공은 한국 정치학입니다. 다만 동양학이나 한국학 관련 강의를 할 때 한글과 한국어에 대한 부분을 조금은 이야기합니다. 동양학 개론 시간이라도 인사하는 법이나 단어 몇 가지, 한국 문화에 대해서 조금은 알아야 한다고 생각하니까요. 그렇지만 난 한국어 네이티브 스피커가 아니기 때문에 발음도 안 좋고 문법도 정확하지 못해 한국어를 가르칠 수준이 못 됩니다."

어려운 한국어 발음이 있나?

"아직도 정확하게 발음을 못하는 한국어 모음이 한두 개 있는데 그 중 하나가 'ㅚ' 입니다. 내가 '뇌'라고 하면 한국 사람들은'네'라든지, 아니면 '노에'나 '누에'라고 하는 줄 압니다. 그래서 '뇌'란 말을 하고 싶으면 '아, 그 왜 해골 속에 들어 있는 생각하게 하는 기관 있잖아.'라고 해야 합니다.

놀려 먹고 싶은 미국인 친구가 있으면 '뇌'를 발음해 보라고 해 보세요. 아마 바닥에 구르면서 웃게 될 겁니다. 그리고 'ㅢ' 발음도 어렵습니다. '의자', '의사'같은 말은 처음 배울 때 힘든 말이었습니다. 그 밖에도 '어려워요', '간지러워요', '미끄러워요'등 다른 모음이 연속되는 말도 발음하기 쉽지 않습니다."

[2007-08-22, "한국말 잘한다고요? 겨우 쥐꼬리만큼 합니다"
「뉴스게릴라를 찾아서 18」 김귀현 (kimkui), 일부 발췌]

재직하다 중산층 불과하다 징병제 배정되다 망치다 구르다 연속되다

01 위 인터뷰는 누구에게 무엇을 질문하고 있습니까? 간단히 대답하십시오.

누구 :

무엇 :

02 위 사람이 한국어를 배운 과정입니다. 빈칸에 알맞은 말을 쓰십시오.

(   ) → 한국 시골 근무 → (   ) 전공 → 박사 학위 논문 준비로 한국 3년 거주

03 이 사람이 어려워하는 것은 무엇입니까?

04 한국어를 배우는 친구에게 인터뷰할 질문을 보기와 같이 정리하고 인터뷰를 한 후, 앞 쪽의 글과 같이 인터뷰 기사를 써 봅시다.

[보기] 어느 나라 사람입니까?
어떻게 지금처럼 한국말을 잘 합니까?
한국어가 제2 외국어입니까?
한국어를 가르칠 예정입니까?
한국어 학습에서 어려운 점이 무엇입니까?

어느 나라 사람인가

년 월 일

과제 2 읽고 말하기

01 다음 어휘를 평가표의 빈 곳에 알맞게 넣으십시오.

학습 기간 　 출석 시간 　 정규 과정 　 평점 　 표현 능력 　 이해 능력 　 전체 평가

정규과정

.... : 2008 년 3 월 31 일부터 2008 년 6 월 11 일까지

이름 : 마이크 존슨

.... : 196/200 　 .... : 87

....	....	....
말하기 : A	듣기 : B	세부 내용을 정확하게
쓰기 :	읽기 : A	들어야 함

02 전체 평가'의 내용이 다음과 같은 초급 학생들이 있습니다. 그 중에서 한 사람을 골라 [보기]와 같이 평가 결과를 설명하고 적절한 조언을 해 봅시다.

학생1 말을 할 때 사용하는 표현이 다양하지 못함.
학생2 맞춤법이 부정확함.
학생3 받침 발음을 정확하게 해야 함.
학생4 연결 어미 '어서, 니까'를 정확하게 구별하여 써야 함.
학생5 기초 문법이 부정확함.
학생6 세부 내용을 정확하게 듣기 바람.
학생7 글의 흐름을 이해하며 읽기 바람.
학생8 어휘력이 부족함.

[보기] 학생 1에게
"말할 때 자신감이 부족하고 내용이 간단하고 짧다는 거예요.
그러니까 좀 더 길게, 잘 할 수 있다고 생각하면서 얘기해 보세요."

03 여러분의 한국어 학습의 문제점을 이야기하고 서로 조언해 봅시다.
효과적인 외국어 학습법을 이야기해 봅시다.

02 어렵고도 쉬운 한국말

학습 목표
- 과제 적절한 높임말 사용하기, 모국어와 한국어의 호칭 비교하여 설명하기
- 문법 -오/-소/-구려(하오체), -네/-나?/-게/-세(하게체)
- 어휘 등급에 따른 호칭

두 사람은 어떤 사이일까요?
어떤 대화를 나누고 있는 것 같습니까?

위 그림의 인물들은 각각 어떤 대화를 나누고 있을까요? 상대방을 어떻게 부르는지, 어느 정도의 높임말로 대화하는지 이야기해 봅시다.

대화

CD1:03~04

다나까 선생님, 안녕하십니까? 어제 전화 드린 다나까 마사오입니다.

김영식 오랜만이네, 어서 오게, 그래 무슨 일로 날 보자 했나?

다나까 저…… 다름이 아니라 일본어와 한국어 모두 능통한 경영학 전공자를 인턴사원으로 모집한다는 채용 공고가 나서 제가 지원을 할까 하는데요. 선생님, 번거롭게 해 드려 죄송한데 추천서를 좀 부탁 드리려고 왔습니다.

김영식 그래, 내가 써주지, 그런데 말이야, 자네를 볼 때마다 느끼는 건데 어떻게 그렇게 한국말을 잘 하나? 자네, 이름을 얘기 안 하면 밖에서들 한국 사람인줄 알지?

다나까 아닙니다. 아직 부족한 점이 많습니다.

김영식 자넨 참 겸손하기도 하군 그래. 추천서 써 가지고 과 사무실에 맡겨 놓을 테니 내일 모레쯤 찾아가게.

다나까 선생님. 고맙습니다. 다시 찾아뵙겠습니다. 안녕히 계십시오.

김영식 언제 식사나 한번 하세. 좋은 소식 전해 주게.

01 두 사람은 어떤 사이일까요?

❶ 교수와 학생 ❷ 상사와 부하

❸ 선배와 후배 ❹ 사무실 직원과 손님

02 다나까 씨는 왜 이곳을 찾아왔습니까?

03 몇 주 후에 다나까 씨가 다시 이곳을 찾아와 두 사람이 대화를 나눕니다. 각각의 입장이 되어 [보기]와 같이 이야기해 봅시다.

[보기] 김영식 : 어, 다나까 군, 어서 오게, 그래 어떻게 됐나?
다나까 : 네, 합격했습니다. 선생님 추천서 덕분인 것 같습니다. 조금 전에 연락 받고 바로 말씀 드리고 싶어서 이렇게 왔습니다.

능통하다 모집하다 지원하다 번거롭다 겸손하다

어휘 등급에 따른 호칭

01 다음 호칭을 익히고 김영수 씨의 호칭에 이어지는 말을 알맞게 연결하십시오. 누가 하는 말인지 쓰십시오.

관계	호칭
가족 및 친척	아버지/어머니 아빠/엄마 형/누나/언니/오빠 아버님/어머님 큰아버지/삼촌/고모/이모 여보
직장 내 관계	과장님 김대리 김영수 씨 김 선생님
사적인 관계	여보게 김영수 씨 영수 씨 영수야
잘 모르는 경우	아주머니 아저씨 아가씨 학생 저기요

1) 과장님, ●	● 다음 주말에 동창회를 하려고 하는데 시간 괜찮아?	( )
2) 김 과장, ●	● 오늘 야근을 해서라도 이 보고서 끝내게.	( )
3) 형, ●	● 다음 주초까지 결재 서류 올리겠습니다.	(부하 직원)
4) 삼촌, ●	● 우리 신혼여행은 어디로 가요?	( )
5) 여보게, ●	● 결혼하면 작은 아버지라고 불러야 돼요?	( )
6) 영수 씨, ●	● 자네 우리 딸 고생시키면 안 되네.	( )
7) 영수야, ●	● 연세대학교 가려면 어느 출구로 나가야 돼요?	( )
8) 아저씨, ●	● 주말에 누나하고 매형이 집에 온대.	( )

02 위의 경우 중 하나를 골라 보기와 같이 대화를 계속해 봅시다.

[보기] 1)을 고른 경우

대리 : 과장님, 다음 주초까지 결재 서류 올리겠습니다.
과장 : 너무 늦지 않습니까? 이번 주 안으로 내도록 하시죠.
대리 : 네, 시간이 좀 촉박하긴 하지만…… 최선을 다하겠습니다.
과장 : 이번 일이 아주 중요합니다. 이거 끝나면 같이 저녁이나 합시다.

문법

01 다음을 읽고 문법 및 표현을 익혀 봅시다.

이곳에 쓰레기를 버리지 **마시오.**

다음을 읽고 사형 제도에 대해 찬반 입장을 정한 후 자신의 의견을 500자 내외로 **쓰시오.**

가 : **오랜만이네,** 자네 요즘 어떻게 **지내나?**
나 : 얼마 전에 우리 딸이 첫 아이를 낳아서 요즘 손자 보느라고 정신이 없다네.
가 : 자네가 벌써 할아버지가 됐군 그래, 누굴 닮았나?
나 : 제 아비랑 붕어빵이라네. 언제 한번 우리 손자 보러 집에 **오게.**
가 : **그러세.**

-오, -소, -구려 (하오체)

1) 다음과 같은 경우의 주의 사항이나 지시문을 만들어 봅시다.

야외 전시장	작품에 손대지 마시오.
국립 공원 입구	
바닥이 마루로 되어 있는 공연장	신발을 벗고 들어가시오.
많은 사람들이 모이는 공공장소	
대학 입학 논술 문제	

-네, -나?, -게, -세 (하게체)

2) 다음 두 젊은 친구의 대화를 중년 남성의 대화로 바꿔 봅시다.

가 : 너 이번 주말에 별일 없니?	가 : 자네 이번 주말에 별일 없나?
나 : 별일 없어. 그런데 왜 그래?	나 :
가 : 우리 집에 와서 저녁이나 같이 하자.	가 :
나 : 무슨 날이야?	나 :
가 : 아니, 그냥…… 그날 우리 집에 꼭 와.	가 :

02 다음 그림 중 하나를 골라 그림 속의 안내문을 써 보고 두 사람의 대화를 만들어 이야기해 봅시다.

1) 안내문 쓰기

2) 대화 만들기

가 :
나 :
가 :
나 :
가 :
나 :

과제 1 읽고 말하기

다음을 읽고 질문에 답하십시오.

한국어는 다른 어떤 언어보다도 높임법이 잘 발달된 언어로 높임의 대상에 따라 상대 높임법, 주체 높임법, 객체 높임법으로 나뉜다. 이중 가장 잘 발달되어 있는 것은 말하는 이가 듣는 이를 높이거나 낮추어 말하는 상대 높임법으로서 종결어미를 통해 표현된다. 친구나 동생에게 말할 때는 '나 학교에 간다.' 또는 '나 학교에 가.'라고 말하지만 윗사람에게는 '저 학교에 갑니다.' 또는 '저 학교에 가요.'로 말하는 것이 그 예이다.

주체 높임법은 문장의 주어를 높이는 것으로 '선생님께서 오신다.'에서처럼 서술어에 어미 '-(으)시-'가 붙어 표현된다.

객체 높임법은 서술의 객체를 높이는 것으로서 '부모님께 선물을 드렸다', '고마운 분을 찾아뵙고……'에서처럼 특수 어휘, 보통 특수한 동사를 사용한다.

이렇게 복잡한 높임법의 체계에서 간혹 한국 사람들조차 높임말을 잘못 사용하는 경우가 있는데 다음을 살펴보자.

[사례 1] 아들이 '할아버지, 아침 식사 하세요.'라고 말하는데 맞는 말인지 모르겠다.

[사례 2] 사정상 먼저 퇴근하는 부하 직원이 직장 상사인 부장에게 '부장님, 수고하십시오.'라고 인사하는 게 어쩐지 이상하게 들렸다.

[사례 3] 딸이 '할머니께서 책을 읽으시고 계시는데요.'라고 하는데 어색하게 들렸다.

[사례 4] 회사에서 행사가 진행되는데 식순 소개 중 '다음은 사장님 말씀이 계시겠습니다.'라고 하는 것이 옳은지 모르겠다.

[사례 5] 부장님이 나에게 과장님이 어디 가셨는지 물었다. '은행에 갔습니다.'라고 해야 할지, '은행에 가셨습니다.'라고 해야 할지 곤란했다. 부장님보다 과장님이 아랫사람이니 '-(으)시-'를 넣지 말아야 할 것도 같았으나, 그래도 내 윗사람인 과장님에 대해서 '갔습니다.'라고 말하자니 꺼림칙했다.

[사례 6] 아버지에 대해서 물으시는 할아버지께 '할아버지, 아버지는 나갔어요.'라고 해야 할지, '할아버지, 아버지는 나가셨어요.'라고 해야 할지 잘 모르겠다.

01 다음 말에 나타나는 높임법은 무엇입니까? 각각 무엇을 높였습니까? 연결하십시오.

"사장님께서 직접 말씀하신대." ●	● 상대
"날씨가 참 춥습니다." ●	● 객체
"영수가 할머니를 모시고 시내에 나갔어." ●	● 주체(주어)

주체　객체　체계　간혹　꺼림칙하다

02 사례에 대해 맞는 설명을 골라 연결한 후, 잘못된 부분을 맞게 고쳐 봅시다.

사례1 ● ● 동사나 형용사가 여러 개 나타날 경우 대체로 문장의 마지막 표현에 '-(으)시-'를 쓴다.

사례2 ● ● 특정한 어휘는 윗사람에게 사용하는 것이 결례가 된다.

사례3 ● ● 직장에서 자기보다 높은 사람은 보통 높여 말한다.

사례4 ● ● 윗사람에게 말할 때 같은 뜻의 높임말 어휘로 바꾸어 말해야 하는 경우가 있다.

사례5 ● ● 가정 내에서 윗사람에 대해서 그보다 더 높은 사람에게 말할 때는 높이지 않는 것이 원칙이나 요즘에는 높이는 것도 허용한다.

사례6 ● ● 주어를 직접 높일 때와 주어 관련 대상을 높일 때 쓰임이 다르다.

사례	잘못된 부분	맞는 문장
사례 1	할아버지, 아침 식사 하세요.	할아버지, 아침/진지 잡수세요.
사례 2	부장님, 수고하십시오.	부장님, 먼저 가 보겠습니다./내일 뵙겠습니다. /먼저 실례하겠습니다.
사례 3	할머니께서 책을 읽으시고 계시는데요.	
사례 4	다음은 사장님 말씀이 계시겠습니다.	
사례 5	과장은 은행에 갔습니다.	

03 위 사례 중 하나를 골라 짝과 함께 보기와 같이 대화를 만들고 역할극을 해 봅시다.

[보기] 엄마 : 영수야, 저녁 준비 다 됐으니까 할아버지 오시라고 해라.
영수 : 네. 할아버지, 식사 하세요.
엄마 : 영수야, 어른한테는 '식사 하세요.' 보다 '진지 잡수세요/드세요.' 이렇게 말해야 하는 거란다.
영수 : 네. 할아버지, 진지 잡수세요.

04 한국어로 말할 때 높임말 때문에 특히 어려웠던 경험이 있습니까? 이야기해 봅시다.

과제 2 듣고 말하기 [CD1:05]

다음을 듣고 질문에 답하십시오.

01 무엇에 대해 조사한 결과입니까?

❶ 부부 사이의 호칭 ❷ 이성 친구 사이의 호칭

❸ 형제 자매 사이의 호칭 ❹ 부모와 자녀 사이의 호칭

02 남편과 아내는 어떻게 다릅니까? 다음 표를 채우십시오.

표1) 남편이 아내를 부르는 호칭

상황 순위	1위	2위	3위	4위	5위
둘만 있을 때			여보	OO 엄마	애칭
부모님과 있을 때			여보	OO 씨	자기(야)
장인/장모와 있을 때		OO 엄마	여보	자기(야)	OO 씨
전화 통화할 때		자기(야)	여보(야)	OO 엄마	애칭
자녀와 있을 때			여보	자기(야)	자녀 이름

표2) 아내가 남편을 부르는 호칭

상황 순위	1위	2위	3위	4위	5위
둘만 있을 때			OO야	여보	OO 씨
시부모님과 있을 때		OO 아빠	OO 씨	여보	자기(야)
친정부모님과 있을 때		OO 아빠	자기(야)	OO 씨	OO 야
전화 통화할 때		자기(야)	OO씨	여보	
자녀와 있을 때			자기(야)	여보	애칭

03 여기에서 말하는 '사회적 통념'이란 무엇입니까? 여러분은 이에 대해 어떻게 생각합니까?

04 여러분 나라의 경우 부부간의 호칭이 어떻습니까?

짐작하다 미루다 측면 통념

YONSEI KOREAN 5

03 정리해 봅시다

I. 어휘

01 빈칸에 알맞은 말을 골라 쓰십시오.

알다시피	지사	파견	당장

모두가 (　　　　　) 외국어를 배울 때 꼭 뚜렷한 동기가 있어야 하는 것은 아니다. 요즘같이 외국 영화나 노래를 접할 기회가 많은 시대에 재미있는 외국 영화를 보거나 노래를 따라 흥얼거리다가 문득 한 번 배워 보자 생각하고 외국어 교재를 살 수도 있지 않은가. 물론 이런 경우 외국어가 (　　　　　) 필요하지 않으므로 교재가 무용지물이 되기 쉽다는 게 문제이다. 그러나 어느 날 아침 회사에 갔더니 외국 (　　　　　)으로/로 (　　　　　) 근무 나가게 됐다며 학원에 등록하라고 해서 갑자기 외국어를 배우러 다니게 된 회사원에 비하면 행복한 게 아닐지? 그러니 우리 지금이라도 무용지물이 되어 어딘가에 처박혀 있는 교재를 찾아 외국어 학습을 여유롭게 시작해 보자.

02 다음을 연결하고 [보기]와 같이 문장을 만드십시오.

1) 외국어 ●	● 능통하다
2) 인재 ●	● 번거롭다
3) 봉사활동 ●	● 겸손하다
4) 절차 ●	● 모집하다
5) 태도 ●	● 접하다
6) 소식 ●	● 지원하다

[보기] 1) 여행 가이드라면 외국어에 능통해야겠지요?

2)

3)

4)

5)

6)

03 다음에서 틀린 곳을 바르게 고치고 무엇이 문제인지 보기와 같이 이야기해 봅시다.

[보기] 친구들아 반갑다. 이번 12월에도 신년(송년) 모임 있은(있는) 거 알지? 동창 카페에서 일시, 장소 확인하고 얼렁(얼른) 참가 신청해주기 바란다. 자리가 다 차 가시거든(가거든)!!

→ 어휘와 문법, 맞춤법, 존대법 사용이 틀렸습니다.

1) 김 과장, 이번 홍보 문안 작성을 위한 소비사람 대상 조사 작업은 누구 누구에게 어떤 일을 하라고 하신 건지요? 저희 직원들끼리 의견이 분분하여 정할 수가 어려우니 일을 좀 나눠 주시면 합니다.

→

2) 할아버지! 아버님이 직접 전화로 말씀드릴라고 했는데 전화가 안 된다고 저더러 연락하셨는데요. 고모네 식구가 내일 오후 4시에 한국에 온다고 공항에 배웅가시재요.

→

3) 이 교수님, 지난 번 학회에서 당신 제자를 만났는데 요즘 건강이 좀 안 좋다며? 어디가 아플 건가? 중년기 건강 문제 전문가로 유명한 이가 바로 우리 동기 정 박사 아닌가. 근무처가 이 근처에 있으니 어디 우리 날 잡아 같이 진찰을 받도록 하세.

→

Ⅱ. 문법

01 빈칸을 채우고 1-10번을 적절하게 고쳐 쓰십시오.

_______________ 에게

그동안 어떻게 잘 지냈소?

부모님이랑 아이들도 모두 잘 있는지 궁금하다오.

가) 처음 왔을 때 이렇게 오래 있을 거라고는 생각조차 못해서인지 점점 돌아가고 싶은 생각만 간절하오.

나) 물론 시간이 갈수록 이곳 생활도 익숙해지고 아는 사람도 많아져서 재미있어지고는 있지만 아이들과 당신이 있는 곳에 비길 수는 없지 싶소.

그래도 내가 맡은 일이 있으니 그에 몰두하여 자잘한 외로움을 잊으려 1)합니다. 당신도 알다시피 자꾸 임기가 연장되는 게 문제인데 이번 계약이 잘 성사될 조짐이 보이고 회사 사정도 좋아지고 있으니 이번 연말에는 꼭 돌아갈 수 있지 2)않겠습니까?

당신 혼자 아이들이랑 부모님 신경 쓰며 애쓰고 있을 모습을 생각하면 미안하고 마음이 3)아프답니다. 지난 번 편지에 감기 기운 있다고 했는데 좀 나아졌는지 4)모르겠습니다. 힘들다 싶을 때는 무리하지 말고 푹 쉬구려.

이제 아이들도 고등학생이니 엄마 아플 때는 엄마를 돌볼 수도 있는 5)나이랍니다. 공부를 열심히 해야지 하며 만사 받들어 키우는 게 능사는 6)아닐 겁니다. 안 그래도 혜경이에게는 지난 번 통화하며 이야기했더니 아빠 말이 맞는다며 공부하느라 엄마에게 무심했던 스스로가 죄송하다고 합디다. 그 유명한 한국의 고3인데도 의젓하게 엄마를 걱정하는 모습이 당신 그대로인 듯해서 7)기뻤습니다.

정말 얼마나 당신이랑 아이들이 보고 싶은지 8)모른답니다.

만날 날을 손 꼽아 기다리며 이 곳 생활을 견디려 9)합니다.

부디 잘 지내고 건강 10)조심하십시오.

2008년 11월 21일

미국에서 _______________ 이/가

1)　　　　　　　　2)

3)　　　　　　　　4)

5)　　　　　　　　6)

7)　　　　　　　　8)

9)　　　　　　　　10)

02 가)에서 이야기한 내용으로 맞는 것은?

❶ 처음에는 집에 돌아가고 싶어서 아무 생각도 할 수가 없었다.
❷ 이렇게 외국생활을 할 수 있다는 게 꿈만 같고 신기하다.
❸ 계획했던 대로 돌아갈 예정인데도 점점 견디기가 힘들다.
❹ 뜻밖에 일정이 길어져서 마음이 별로 편안하지가 않다.

03 나)와 같으면 ○, 다르면 × 하십시오.

1) 시간이 꽤 지났는데도 외국 생활이 낯설고 쉽지가 않다. ( )
2) 가족이 없는 게 무척 아쉽지만 소소한 재미는 있는 편이다. ( )

Ⅲ. 과제

다음 게임을 해 봅시다.

01 다음과 같은 경우 가운데 하나를 골라 안부 카드를 쓴 후 어떤 경우인지 맞춰 봅시다.

1) 스승이 나이 많은 제자에게
2) 부장이 과장에게
3) 10대 아들 아이가 엄마에게
4) 동생이 누나에게
5) 학교 선배가 후배에게

02 한국의 친족 호칭을 각자 다섯 개씩 쓰고 돌아가며 발표해 봅시다.
(발표를 들으며 자기가 쓴 호칭이 나오면 지웁니다. 빨리 지우는 사람이 이깁니다.)

1)
2)
3)
4)
5)

문화

한국어의 호칭이나 경어법을 결정하는 요인

한국어의 호칭이나 경어법을 결정하는 요인들은 무엇이며 그 영향력의 순위는 어떨까? 그 요인은 일단 서열과 친분으로 압축해 볼 수 있다. 연령, 직위, 항렬 등은 세분하면 모두 중요한 요인들이지만 이들은 결국 서열로 통합되는 요인들이기 때문이다.

한국어에서는 서열과 친분 두 요인 중에서 역시 서열이 앞이라고 판단된다. 우리는 아버지나 어머니는 물론 형이나 누나도 '너'라고 부를 수 없으며 고등학교 1년 선배도 '너'라고 부를 수 없다. 친분보다는 서열이 훨씬 막강한 힘을 발휘하고 있는 것이다. 형의 친구나 언니의 친구도 '너'라는 호칭을 쓸 수 없을 뿐만 아니라 반말을 쓰기도 어렵다. 친분이 서열에 압도당하기도 한다. 친구 사이에서 한 사람이 직장 상사가 되면 적어도 남들 앞에서는 상호 평교 관계를 깨야 한다. 친구 사이에서 한 사람이 오빠 부인이 되었을 경우에도 같은 현상이 벌어진다. 그만큼 한국어에서는 서열이 친분보다 훨씬 강력한 요인이 된다.

서열이 친분보다 경어법 선택에서 우선적으로 적용되는 것은 분명하지만 서열의 하위 요인들 사이의 우선순위는 어떠할까? 예를 들어 한 직장에서 나이 어린 상사와 연상의 부하 직원 사이에서 직위와 나이 중 어느 것이 힘이 더 센 것일까? 직위가 앞선다고 생각된다. 상사는 연하라도 존대를 해야 한다. 물론 부하 직원도 연상이면 존대할 수 있으나, 그것은 의무 사항이라기보다는 일종의 지혜라고 보아야 할 것이다. 그러면 항렬과 연령이 갈등을 일으킬 때는 어떨까? 예를 들어 20년 연하의 아저씨와 20년 연상의 조카의 경우는 어떨까? 이 경우 항렬이 우선이라고 생각된다. 아무리 나이가 어려도 아저씨뻘이라면 존대를 하는 경우가 많다. 한편 친족 안에서의 서열과 직장 안에서의 서열이 갈등을 일으켰을 때는 어떨까? 예를 들어 조카가 사장이고 삼촌이 과장이라면 어떨까? 이 경우는 친족 안에서의 서열이 우선이라고 생각된다. 같은 직장에 다니고 직위가 낮아도 삼촌을 하대하지는 않기 때문이다. 직위의 권세가 친족 서열에서의 권세를 앞지를 수는 없다.

1. 한국어 경어법에 영향력을 행사하는 다음 요인들을 우선순위 순으로 정리해 봅시다.

친분, 직장 서열(직위), 친족 서열(항렬), 연령 서열(나이)

2. 여러분 나라에서는 어떤지 이야기해 봅시다.

문법 설명

01 -조차

'-조차'는 명사에 붙어 그 명사의 내용이 포함되고 그 상황 이상의 것이 더해짐을 나타낸다. 일반적으로 말하는 사람이 기대하지 못하거나 예상하기 어려운 극단의 경우까지 포함함을 나타내는데 주로 부정문에 잘 어울린다. 여기에서는 자신이 상상하기 어려웠던 극단의 상황을 앞에 두어 이러한 상황을 전혀 생각해 보지도 못했다는 의미를 나타낸다.

- 그 미국 친구가 한국말을 그렇게 잘 할 거라고는 생각조차 못했다.
- 한국에 오기 전에는 내가 외국에서 살 거라고는 생각조차 못했다.
- 이런 영화가 인기가 있을 거라고는 생각조차 못했다.
- 단 둘이 있는 게 이렇게 행복할 거라고는 생각조차 못했다.

02 -을수록/ㄹ수록 -어지다/아지다/여지다

'-을수록/ㄹ수록'은 앞 문장의 상황이나 정도가 더 심해질 경우 뒤 문장의 결과나 상황도 그에 비례하여 더하거나 덜하게 됨을 나타낸다. '-어지다/아지다/여지다'는 동사에 붙어 어떠한 행위를 하게 되거나 어떤 동작이 저절로 일어나 그러한 상태로 됨을 나타내고 형용사에 붙어 점점 어떤 상태로 되어 감을 나타낸다.

- 한국말을 공부할수록 말하기가 쉬워지고는 있지만 아직도 당황할 때가 많다.
- 시간이 지날수록 이곳에 익숙해지고는 있지만 명절 때가 되면 고향집 식구들이 눈에 선하다.
- 시간이 갈수록 따뜻해지고는 있지만 여전히 밤에는 난로가 필요하다.
- 만날수록 친해지고는 있지만 가끔 서먹서먹할 때가 있다.

03 상대높임법

체	등급	종결어미
격식	합쇼체	으십시오 습니다 습니까 읍시다
	하오체	오 소 구려
	하게체	게 네 나 세
	해라체	어/아라 는다 느/으냐 으니 자 는구나
비격식	해요체	어/아요 이에요 지요 는군요
	해체	어아 이야 지 는군

상대높임법은 일반적으로 아주높임, 예사높임, 예사낮춤, 아주낮춤의 네 등급으로 분류된다. 이들은 각각 명령형 종결어미를 따라 합쇼체, 하오체, 하게체, 해라체라고 불리기도 한다.

아주높임체(합쇼체)는 처음 만난 사람, 손님과 같이 예의를 갖추어 말해야 하는 사람에게 자주 사용되며 회의나 연설, 발표, 토론, 보고 등과 같은 공식적인 자리에서 주로 상대를 높이기 위해 사용된다. 예사높임체(하오체)와 예사낮춤체(하게체)는 일상적인 대화에서 거의 사용되지 않으나 나이가 많은 사람들 사이에서 가끔 사용되기도 한다.

예사높임체(하오체)는 듣는 사람이 말하는 사람과 나이가 비슷하거나 아랫사람인 경우, 그 사람을 약간 높여 표현하는 경우에 사용한다. 예사낮춤체(하게체)는 듣는 사람이 말하는 사람과 나이가 비슷하거나 아랫사람인 경우 이들을 약간 낮춰 표현하는 방법으로 나이 든 친구 사이에서 사용한다. 그리고 나이 많은 선생이 제자를, 혹은 장인이나 장모가 사위를 아주 낮춰 표현하지 않는 경우에 사용한다.

아주낮춤체(해라체)는 친구나 어린 사람을 아주 낮춰서 말할 때 사용된다. 이와 같이 예의와 격식을 차려서 말해야 하는 상황에서 이러한 어미들을 사용하는 것을 격식체라 한다. 격식체와는 달리 친한 선후배나 동료, 친구, 그 밖의 아주 친한 사이, 즉, 격식을 차리지 않아도 될 만큼 가깝거나 친한 사이에서 서로를 높이거나 낮추기 위한 방법을 비격식체라 한다.

비격식적인 안 높임의 등분명칭을 '해체'라고 하고 높임의 등분명칭을 '해요체'라고 한다. 요즘은 비격식체의 '해요체'가 아주높임과 예사높임을 사용해야 하는 상황에도 두루 쓰이고 '해체'는 예사낮춤과 아주낮춤을 사용해야 하는 상황에도 두루 쓰이고 있다.

격식체는 공공장소나 직장 등의 공식적인 이야기 상황에서 주로 사용되며 객관적이고 단정적인 표현이다. 비격식체는 일상생활이나 개인적인 이야기 상황에서 주로 사용되며 주관적이고 부드러운 표현이다.

제2과 직업과 직장

01
제목 | 직업관
과제 | 가치관과 직업에 대해 조사하여 발표하기
기업이 원하는 인재상 발표하기
어휘 | 적성,성격,가치관
문법 | -음에도 불구하고, -도 -거니와

02
제목 | 직장 내에서
과제 | 사내 공고문을 읽고 아이디어 제시하기
직장 생활의 어려움에 대해 조언하기
어휘 | 직장 부서와 업무
문법 | -에다가 -까지, -을 때 -어야 -지

03
정리해 봅시다

• 문화
직업 풍습도

01 직업관

학습 목표 ● 과제 가치관과 직업에 대해 조사하여 발표하기, 기업이 원하는 인재상 발표하기
● 문법 -음에도 불구하고, -도 -거니와 ● 어휘 적성, 성격, 가치관

〈사진 제공 : 안철수연구소〉

어렸을 때의 꿈은 무엇이었습니까?
자신에게 어떤 일이 맞는다고 생각합니까?

직업, 직장을 선택할 때 고려하는 기준 (복수응답) %

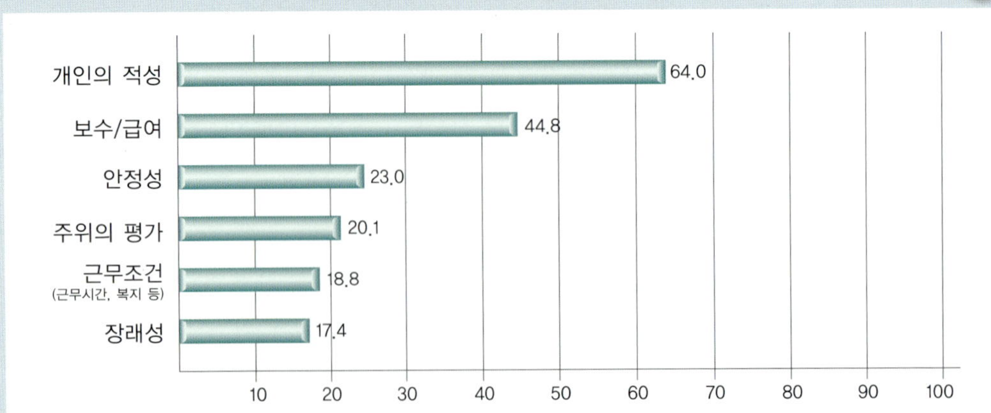

위 그래프는 대학생들이 직업 · 직장 선택 시 중요하게 생각하는 사항들입니다. 여러분이 가장 중요하게 고려하는 것은 무엇입니까? 순서대로 말해 보십시오.

대화

CD1:06~07

영수 졸업 후에 어떤 일을 해야 할지 고민이에요.

제임스 무엇보다 자신에게 맞는 일, 자신이 하고 싶은 일을 찾아야 하지 않을까요? 통계청 조사에 따르면 청년 취업자의 반 이상이 17개월 안에 첫 직장을 그만둔다는데요.

영수 정말 그런 것 같아요. 4년 째 직장 생활을 하고 있는 선배가 있는데, 요즘도 일이 적성에 안 맞는다며 많이 힘들어하던데요. 사실 직장을 옮기는 것도 쉽지 않고, 주위에서도 웬만하면 그냥 다니라고들 하니까요.

제임스 수십 대 일의 경쟁을 뚫고 어렵게 입사하고도 얼마 지나지 않아 그만두는 직장인이 많다는 건, 사람들이 직업에 대한 구체적인 정보도 잘 알아보지 않거니와 흥미와 적성을 신중히 고려하지 않기 때문은 아닐까요?

영수 글쎄 말이에요. 어쩌면 보수와 장래성이 아니라 자신의 성격과 가치관이 제일 중요한 건지도 모르겠네요.

제임스 왜, 영수 씨도 아시죠? 안철수 같은 분도 어려운 과정을 거쳐 의사가 되었음에도 불구하고 진정 하고 싶은 일을 하겠다는 의지로 컴퓨터 소프트웨어 업계에 뛰어들어 성공했다는 거요.

영수 아, 저도 그 기사를 읽었어요. 소신을 가지고 자신이 하고 싶은 일을 하며 보람을 느낄 수 있는 사람이 행복한 사람이라고 하시더군요.

01 두 사람은 무엇에 대해 말하고 있습니까?

❶ 졸업 후의 취직 여부
❷ 직업 선택의 기준
❸ 입사 시험의 높은 경쟁률
❹ 직업에 대한 정보 부족

02 영수의 선배는 왜 힘들어합니까? 그 문제의 해결책을 찾기 어려운 이유는 무엇입니까?

03 위 대화의 내용에 대해서 보기와 같이 이야기해 봅시다.

[보기] 가 : 첫 직장의 이직률이 높은 이유가 뭘까요?
나 : 직업에 대한 구체적인 정보도 잘 알아보지 않을뿐더러 자신의 흥미와 적성을 신중하게 고려하지 않고 취업하는 사람이 많기 때문이에요.

통계청　적성　경쟁　뚫다　고려하다　가치관　소신　보람

어휘 적성, 성격, 가치관

01 다음 표현을 익히고 빈칸에 알맞은 말을 골라 쓰십시오.

적성	성격 유형	가치관 유형
언어 능력 수리 능력 공간 지각 능력 운동 조절 능력	사고형, 행동형, 고독형, 사교형, 냉정형, 흥분형, 순종형, 지배형, 안정형, 독립형	이론형 경제형 심미형 사회사업형 권력형 종교형

[출처: 진로정보센터, 경기도 교육정보연구원 www.kerinet.re.kr]

1) 적성이란 자신이 가지고 있는 소질이나 잘 할 수 있는 능력이므로, 일이 적성에 맞지 않는다면 성공은 물론 흥미를 느끼기 어렵다. 직업 선택이나 전공 분야를 선택할 때 중요하게 고려해야 할 요소인 적성에는 문자의 뜻을 이해하고 의사소통을 위한 표현 능력인 (　　　　　　), 정확하고 빠르게 계산하는 능력인 (　　　　　　), 입체적 공간 관계를 이해하고 상상하는 능력인 (　　　　　　), 눈과 손 또는 손가락을 같이 움직여 빠르고 정확하게 반응하는 능력인 (　　　　　　) 등이 있다.

2) 성격 역시 직업 선택 시 고려해야 하는 중요한 요인이다. 대체로 이론적이고 문제를 논리적으로 신중하게 처리하는 (　　　　)은/는 학자나 연구원 같은 직업이 어울리고, 매사에 적극적이고 사교적이며 환경에 적응을 잘 하는 (　　　　)은/는 외교관, 사업가, 상담가와 같이 친근하게 사람을 접할 수 있는 직업이 적합하다. 남으로부터 지시 받기를 싫어하고 남을 이끄는 것을 좋아하는 (　　　　)은/는 정치인, 군인, 연예인, 사업가 등의 직업이, 새로움이나 모험을 즐기기보다 안정적이고 변화가 크게 없는 일을 좋아하는 (　　　　)은/는 은행원, 공무원, 회계사와 같이 변화가 크게 없는 직업이 적합하다.

3) 직업 선택 시 가치관 유형도 중요하다. 일과 관련하여, 사물의 진리를 탐구하고 연구하며 가르치는 일에 보람과 긍지를 느끼는 (　　　　), 돈을 벌어 부자가 되어야 한다는 경제적 활동에 큰 비중을 두는 (　　　　), 미에 대한 가치 추구가 다른 어떤 분야보다 가치가 있다고 인정하는 (　　　　), 남을 위한 봉사와 사회 복지를 위한 헌신을 최고의 가치로 삼는 (　　　　), 남을 지배하고 권력을 갖는 것을 최고의 가치로 삼는 (　　　　), 종교적 가치를 추구하며 초자연적인 것을 숭배하는 (　　　　)으로/로 분류될 수 있다.

02

1) 여러분은 어떤 직업을 가지고 싶습니까?

2) 희망하는 직업에는 어떤 적성과 성격, 가치관이 맞을 거라고 생각합니까? 빈칸을 채우고 이야기해 봅시다.

희망하는 직업에 맞는	적성	
	성격 유형	
	가치관 유형	

3) 여러분의 적성과 성격, 가치관이 그 직업에 맞는지 이야기해 봅시다.

문법

01 다음 글을 읽고 문법 및 표현을 익혀 봅시다.

한국 대학에서 법학을 전공하고 검사가 되기를 희망하던 김철수(32세) 씨는 7년간이나 사법시험을 **준비했음에도 불구하고** 뜻을 이루지 못하고 A사에 입사를 했다. 그러나 한 달에 서너 번씩 있는 회식 자리도 **부담스럽거니와** 동료들과의 업무 마찰로 인한 심적 후유증도 심해 회사 생활에 적응하지 못하고 무척 힘들어하고 있다. 김 씨는 이대로 회사에 다녀야 할지, 아니면 옮겨야 할지 심각하게 고민 중이다.

-음에도 불구하고

1) 다음을 연결하고 보기와 같이 이야기해 봅시다.

높은 경쟁률을 뚫고 입사했다 •	• 너무 위험해서 지원자가 거의 없었다.
뛰어난 업무 능력이 있다 •	• 그만두는 직장인이 많다.
보수와 장래성이 높은 일이다 •	• 동료들과의 관계가 원만하지 않아서 일하기 힘든 사람도 있다.
평소보다 20분 일찍 나왔다 •	• 너무 당황해서 대답을 한 마디도 못했다.
면접 예상 문제를 뽑아 연습했다 •	• 지각을 하고 말았다.

[보기] 높은 경쟁률을 뚫고 입사했음에도 불구하고 얼마 지나지 않아 그만두는 직장인이 많다.

-도 -거니와

2) 빈칸을 채우고 [보기]와 같이 이야기해 봅시다.

	필요한 사실 1	필요한 사실 2
직장 생활	업무의 내용이 중요하다.	근무 환경도 매우 중요하다.
면접		지원 회사나 지원 부서에 대한 지식도 충분히 가져야 한다.
직업 선택	자기 자신에 대한 객관적인 이해가 필요하다.	
유학 생활		그 나라의 문화도 이해해야 한다.
초등학교 선생님		

[보기] 만족스러운 직장 생활을 위해서는 업무의 내용도 중요하거니와 근무 환경도 매우 중요하다.

02 다음 표를 채우고 '-음에도 불구하고', '(-도) -거니와'를 사용해 보기와 같이 이야기해 봅시다.

상황	결과	
	사실 1	사실 2
서울에서 2년이나 살았다	구경 가 본 데가 거의 없다	
	청계천에 가 보지 못했다	남산에 가 보지 못했다
월급이 그리 많지 않다	회사 생활이 아주 만족스럽다	
	출퇴근 시간이 자유롭다	사무실 분위기가 좋다
결혼을 해서 가족이 있다		

[보기] 나는 서울에서 2년이나 살았음에도 불구하고 구경 가 본 데가 별로 없다. 청계천에도 가 보지 못했거니와 남산에도 가 보지 못했다.

과제 1 읽고 말하기

다음을 읽고 질문에 답하십시오.

01 자신에게 어떤 직업이 어울릴까요? 각 문항의 내용을 잘 읽고 [채점표]를 채운 후, 세로로 합산하십시오.

거의 항상 그렇다	자주 그렇다	보통 그렇다	가끔 그렇다	거의 그렇지 않다
5	4	3	2	1

1) 지식을 갖는다는 것이 중요하다. 5 4 3 2 1
2) 값비싼 차를 갖고 싶다. 5 4 3 2 1
3) 아름다운 물건을 보면 나도 모르게 눈이 간다. 5 4 3 2 1
4) 아픈 사람들을 돌보는 것을 좋아한다. 5 4 3 2 1
5) 대통령이 되고 싶다. 5 4 3 2 1
6) 우주의 원리나 신의 존재와 같은 것들이 중요하다. 5 4 3 2 1
7) 새로운 정보가 담긴 책을 좋아한다. 5 4 3 2 1
8) 성격에 맞는 배우자보다는 돈 많은 배우자를 택하고 싶다. 5 4 3 2 1
9) 음악이나 미술에 대한 안목이 있어야 한다고 생각한다. 5 4 3 2 1
10) 슬픈 글이나 TV, 영화에서 슬픈 장면을 보면 마음이 아파서 눈물이 난다. 5 4 3 2 1
11) 가능하다면 높은 지위에 오르고 싶다. 5 4 3 2 1
12) 다른 사람들을 올바로 살도록 인도하고 싶다. 5 4 3 2 1
13) 매일 새로운 것들을 배우는 것이 좋다. 5 4 3 2 1
14) 예술 작품을 갖기보다는 크고 화려한 집을 갖고 싶다. 5 4 3 2 1
15) 집안에 예술 작품들을 걸어두거나 배치해 두는 것을 좋아한다. 5 4 3 2 1
16) 사람들을 돕는 직업을 갖고 싶다. 5 4 3 2 1
17) 변호사보다는 판사가 되는 편이 좋다. 5 4 3 2 1
18) 영혼의 세계를 믿는다. 5 4 3 2 1
19) 유식한 사람이 되고 싶다. 5 4 3 2 1
20) 행복하려면 경제적으로 여유가 있어야 한다고 생각한다. 5 4 3 2 1
21) 아름다운 것이 없다면 세상은 끔찍한 곳이 될 것이다. 5 4 3 2 1
22) 사람들에게 도움이 되는 책을 쓰고 싶다. 5 4 3 2 1
23) 모임의 일원이 되기보다 모임의 회장이 되고 싶다. 5 4 3 2 1
24) 사람들이 죄를 지으면 반드시 벌을 받는다고 생각한다. 5 4 3 2 1
25) 인간의 행동을 이해할 수 있는 책을 좋아한다. 5 4 3 2 1
26) 영화배우가 되면 우선 부자가 된다는 점이 마음에 든다. 5 4 3 2 1
27) 아름다운 풍경을 보는 것을 즐긴다. 5 4 3 2 1
28) 문제를 가지고 있는 친구를 보면 도와주고 싶다. 5 4 3 2 1

인도하다 배치하다 유식하다 끔찍하다 진리 탐구하다 긍지 비중 추구하다 헌신하다 숭배하다

29) 리더십이 있다고 생각한다. 5 4 3 2 1

30) 기도하기를 좋아한다. 5 4 3 2 1

[채점표]

1		2		3		4		5		6	
7		8		9		10		11		12	
13		14		15		16		17		18	
19		20		21		22		23		24	
25		26		27		28		29		30	
가형		나형		다형		라형		마형		바형	

02 다음 해석표에서 자신의 가치관 유형과 어울리는 직업을 확인해 보십시오.

[해석표]

가치관 유형과 직업

가치관 유형	특징	관련 직업
가형 **이론형**	사물의 진리를 탐구하고 연구하며 가르치는 일에 보람과 긍지를 느낌	교사, 교수, 연구원, 학자, 과학자, 소설가, 평론가, 수학자, 교육가 등
나형 **경제형**	가치 기준을 자본 형성, 즉 돈을 벌어 부자가 되어야 한다는 것에 큰 비중을 둠	소매 · 도매상인, 유통업 종사자, 중소기업인, 대기업인, 무역인, 사장, 회장 등
다형 **심미형**	미에 대한 가치를 추구하는 것이 다른 어떤 분야보다 가치가 있다고 생각함	음악가, 체육인, 무용가, 음악평론가, 화가, 소설가, 스포츠 해설가 등
라형 **사회 사업형**	남을 위해 봉사하고 돕는 사람으로 타인을 사랑하고 사회 복지를 위해 헌신하는 것을 최고의 가치로 삼음	사회사업가, 서비스업 종사자, 상담 교사, 재활 상담원, 간호사, 사회 봉사자 등
마형 **정치형**	남을 지배할 수 있는 권력을 갖는 것을 최고의 가치로 삼음	정당인, 정치가, 국회의원, 장관, 행정 관료, 시 · 도의원 등
바형 **종교형**	종교적 가치를 추구하며 신비적이고 초자연적인 것을 숭배함	목사, 승려, 종교인, 신부, 수도사 등

[자료 출처: 진학 진로 정보센터, 서울시 교육정보연구원]

03 위 결과를 발표해 봅시다.

과제 2 읽고 쓰기

다음은 한국 기업들이 자사 홈페이지에서 밝히고 있는 인재상입니다. 읽고 질문에 답하십시오.

A 기업

- 창의적 도전 정신과 바른 가치, 조직 친화력을 가진 인재
- 자신의 생각보다 먼저 조직이 요구하는 성과를 거둘 수 있는 사람
- 원만한 인간관계를 중시하며 협동심을 지닌 사람

B 기업

- 창의적이고 말보다 행동이 앞서며 도전 정신을 갖춘 인재
- 끈질긴 승부 근성과 실행력으로 어려움을 해결할 수 있는 인재
- 새로운 변화에 잘 대처하며 자질과 실력을 갖춘 글로벌 인재

C 기업

- 국제적인 안목을 갖추고 적극적으로 도전할 수 있는 인재
- 글로벌 비즈니스 수행에 필요한 외국어 구사 능력을 갖춘 인재
- 어학 실력과 컴퓨터 활용 능력을 갖추고 변화를 주도할 수 있는 인재

D 기업

- 고객 만족을 추구할 수 있는 영업 서비스 정신을 갖춘 인재
- 창의적인 사고와 행동으로 변화를 선도하며 고객 가치를 향상시키는 금융인
- 고객 지향적인 마인드를 갖춘 정직하고 성실한 인재

01 위에서 기업별 인재상을 표현하는 핵심 단어들 중 공통 단어가 있으면 찾아서 써 보십시오.

02 1번에서 찾은 공통 단어를 이용하여 한국 기업들이 공통적으로 선호하는 인재에 대해 이야기해 봅시다.

03 자신에게 가장 적합한 기업을 선택하고 그 이유도 함께 이야기해 봅시다.

창의적 친화력 성과 끈질기다 근성 대처하다 자질 수행 주도하다 선도하다

04 다음은 2007년 기업이 선호하고 있는 인재가 갖춰야 할 자격 요건들을 그래프로 정리한 것입니다. 여러분이 경영자가 된다면 사원 채용 시에 어떤 것을 중요하게 생각할지 간단히 쓰고 이야기해 봅시다.

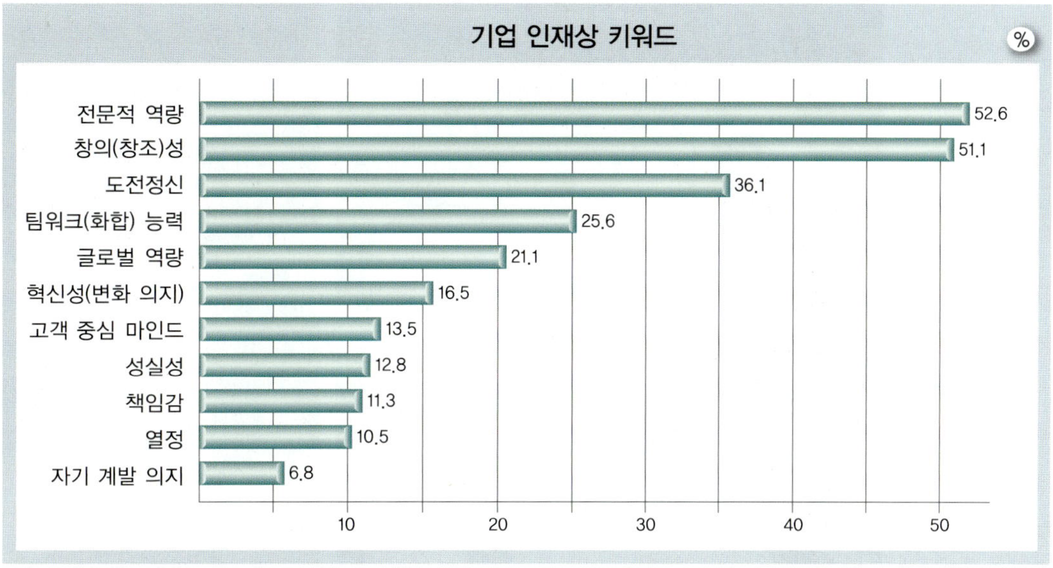

회사명 :

업종 및 사업 특성 :

인재상

-
-
-

02 직장 내에서

학습 목표
- 과제 사내 공고문을 읽고 아이디어 제시하기, 직장 생활의 어려움에 대해 조언하기
- 문법 -에다가 -까지, -을때 -어야 -지
- 어휘 직장 부서와 업무

여러분은 어떤 분위기의 직장에서 일하고 싶습니까?

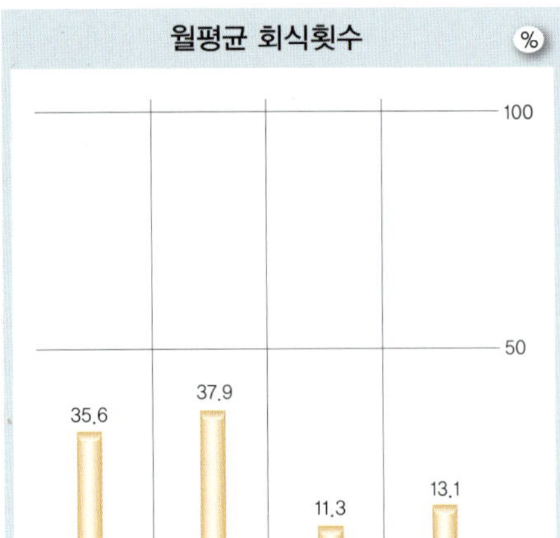

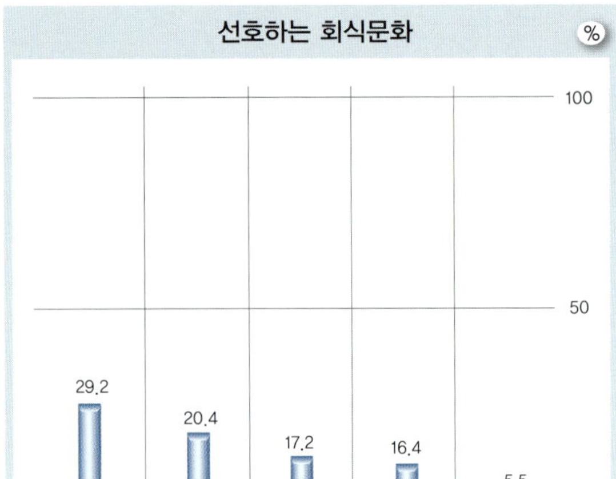

위 도표를 보고 직장 내 회식 문화에 대해 이야기해 봅시다.

대화

CD1:08~09

김 과장 지난번에 지시하신 소비자 동향 분석 결과입니다.
직접 현장에 나가 현재 판매 중인 상품에 대한 시장 조사를 하고 신제품 개발에 대한 소비자 요구를 조사했습니다.

조 부장 수고 많았네. 그래, 현장 조사는 어떻게 진행했나?

김 과장 대형 할인점과 백화점, 전문 매장으로 나눠서 소비자들의 반응을 조사했습니다.
설문에 응해 준 소비자들에게는 회계과에서 받은 비용으로 자그마한 사은품을 증정했고요.

조 부장 역시 김 과장이야. 매사에 빈틈없이 꼼꼼하게 일 처리를 하고.

김 과장 별 말씀을요! 당연히 제가 해야 할 일인데요.

조 부장 아, 그리고 우리 부서 단합 대회 한 번 해야지. 이럴 때 한잔해야 또 일할 맛 나지.
김 과장이 다른 직원들이랑 상의해서 날 잡아 봐요. 2차는 내가 책임질 테니까.

김 과장 알겠습니다. 그렇지 않아도 모두들 요 며칠 야근에다가 주말 근무까지 하느라 힘들었거든요.

01 김 과장은 부장에게 무엇에 대한 이야기를 하고 있습니까?

❶ 신제품 개발 ❷ 소비자 설문 조사
❸ 소비자 증정용 사은품 ❹ 현장 판매 조사

02 조 부장은 김 과장을 왜 칭찬했습니까?

03 위 대화를 보기와 같이 이어서 사무실 내 직원들이 단합 대회 시간과 장소를 정하는 대화를 해 봅시다.

[보기] 김 과장 : 박 대리, 부장님이 단합 대회 한 번 하자는데 언제가 좋겠어?
박 대리 : 이번 금요일 어때요? 다음날이 연휴니까 늦게까지 마셔도 부담없고...
이 대리 : 그러지 말고 이번 토요일에 등산 같은 거 가는 게 어때요?
건강에도 좋잖아요?

동향 분석 **대형 할인점** **전문 매장** **-에 응하다** **사은품** **증정하다** **빈틈없다** **일 처리** **단합 대회** **날을 잡다**

어휘 직장 부서와 업무

01 다음 표현을 익히고 빈칸에 알맞은 말을 골라 쓰십시오.

부서 이름	업무 내용
총무부	행사 준비, 비품 구입, 통신 설치 등 전반적인 업무
기획부	회사의 전반적인 경영 전략 기획 업무
인사부	인력 양성, 평가, 급여 등 인사 관련 업무
영업부	제품 판매 관련 업무
자재부	제품 생산 자재 관련 업무
경리 회계부	각종 비용 처리 업무
홍보부	회사 광고 및 상품 광고 업무

1) (   )에서 정한 기준에 따라 우리 부서원에 대한 평가를 했다.

2) (   )의 부장이 내놓은 신제품 판매 영업 전략은 말 그대로 박리다매였다.

3) (   )에서는 사내 화합을 위한 새로운 경영 전략을 위해 전 직원들의 아이디어를 공모했다.

4) 이번에 다녀온 출장 경비 영수증을 (   )에 제출했다.

5) (   )에서 내가 하는 일은 신상품을 위해 홍보 책자를 만드는 일이다.

6) 생산에 필요한 원자재 수입이 갑자기 연기돼 우리 공장 생산 라인의 가동이 일시 중단되고 (   )직원들은 비상이 걸렸다.

02 다음 질문 중 하나를 골라 이야기해 봅시다.

1) 여러분은 어느 부서에서 무슨 일을 해 보았습니까?
일하기가 어땠습니까? 그 부서에 어떤 상사가 있었습니까?

2) 어느 부서에서 일해 보고 싶습니까? 그 이유는 무엇입니까?

문법

01 다음 글을 읽고 문법 및 표현을 익혀 봅시다.

요즘 마누라 보기가 무섭다. 야근이나 각종 모임 때문에 툭 하면 밤늦게 퇴근해 들어오는 나를 도끼눈을 하고 바라볼 때면 심장이 얼어붙는 것 같다. 어제도 부장님이 오늘 "내가 술 한잔 살게. 이야기 좀 하지."하시며 붙잡는 바람에 내 귀가 시간은 12시를 넘기고 말았다. 그렇지만 누가 술이 좋아서 마시나? 이렇게 만나서 직장 문제 얘기도 하고 해결책도 고민하는 거라고 말해도 마누라는 이제 들은 척도 안 한다. 요즘 회사는 **판매 부진에다가 자금난까지** 겹쳐 사무실 분위기가 말이 아니다.

어쨌거나 오늘은 마누라 생일인데 일찍 가서 마누라 비위도 맞추고 좀 쉬어야겠다. 지금 **젊을 때 잘해 줘야** 늙어서 **안 쫓겨나지.** 화가 나면 마누라는 늙어서 보자고 언제나 겁을 준다.

그런데 주머니 안에서 휴대폰이 시끄럽게 울어댔다. 아, 동창 녀석 어머님이 돌아가셨다는 연락이다.

-에다가 -까지

1) 빈 곳에 알맞게 쓰십시오.

이미정 씨는 미모가 아주 뛰어납니다. 그리고 외국어 실력도 아주 우수한 재원입니다.

이미정 씨는 뛰어난 미모에다가 외국어 실력까지 갖춘 재원입니다.

우리 회사는 다양한 복지 혜택과 자기 계발의 기회를 충분히 제공해 줍니다.

....

올해에는 우리 부서에서 신제품 개발 전략과 새로운 판매 전략을 모두 세워야 합니다.

....

이번 겨울에는 폭설과 한파가 겹쳐 비닐하우스를 하는 농가에 큰 피해를 끼쳤다.

....

인종 차별이라는 국민 여론과 국제 사회의 비난이 일어 정부는 결국 그 법을 폐지했다.

....

-을 때 -어야 -지

2) 다음을 연결하고 보기와 같이 이야기해 봅시다.

젊다 •	• 노후 대책을 세워 놓다 •	• 자신감이 생기다.
직장에 다니다 •	• 경험을 많이 해 보다 •	• 진정한 친구다.
친구가 힘들다 •	• 도와 주다 •	• 늙어서 편하다.
생각났다 •	• 빨리 적어 놓다 •	• 후회를 안 하다.
기회라고 생각되다 •	• 빨리 붙잡다 •	• 나중에 신경 안 쓰다.

[보기] 젊을 때 경험을 많이 해 봐야 자신감이 생기지.

02 다음 상황의 사람에게 '-을 때 -어야 -지', '-에다가 -까지'를 사용해 보기와 같이 충고의 말을 하십시오.

충고자	문제 상황	충고 내용 1	충고 내용 2
선배	후배 선수가 타고난 운동 감각은 있으나 연습을 게을리한다	지금 시간과 기회가 있으니까 열심히 연습하면 실력이 좋아질 수 있다	성공하려면 타고난 운동감각도 있어야 하고 피나는 연습과 노력도 함께 있어야 한다
선생님	투자가가 되려는 학생이 경제에 관심은 많으나 책을 읽지 않는다	어려서부터 관련 분야의 책을 많이 읽어야 성공할 수 있다	투자가가 되려면 경제에 관심이 있어야 하고 관련 분야의 전문 지식도 있어야 한다
상담 전문가	그 식당은 음식 맛은 좋은 편이나 주인이 무뚝뚝하고 서비스도 거의 없다	손님이 오면 항상 친절하게 대해야 다음에 다시 온다	장사를 잘하려면 음식 맛도 좋고 가족을 대하는 듯한 자상함과 좋은 서비스가 있어야 한다

[보기] 선배 : 내가 보기에 넌 연습량이 많이 부족해. 지금처럼 시간과 기회가 있을 때 열심히 연습해야 실력이 좋아지지. 성공하려면 타고난 운동 감각에다가 피나는 노력까지 있어야 하지 않겠어?

과제 1 읽고 말하기

다음을 읽고 질문에 답하십시오.

최근 들어 '나만 잘하는 형(型)'보다 '더불어 일하는 형(型)'이 주가 올라

대기업 H사(社)에 다니는 김모(34)씨. 입사 성적 1등에다 3년 차에 팀장을 맡을 만큼 업무 실적도 뛰어나지만 동료들 사이에선 '기피 대상 1호'다. 자기 말이 모두 옳고 남의 말은 무시하기 일쑤여서 동료들이 "그와 대화하면 하루 종일 우울하다"고 할 정도다. 처음엔 "똑똑하고 추진력 있다"고 좋아했던 상사들도 생각을 바꿨다. 김 씨 한 명의 태도가 다른 직원들의 사기에 악영향을 미치고 조직 화합을 해쳐 결국 생산성을 떨어뜨린다고 판단한 것이다. 끝내 김 씨는 얼마 전 팀장 자리를 내놓고 다른 팀에 배치됐다.

'튀는 직장인'들이 요즘 일터에서 환영받지 못하는 분위기가 확산되고 있다. 반면 더불어 일하는 분위기를 만드는 '인화(人和)형' 직장인의 주가가 오른다. 최근 직장 내 경쟁이 치열해지고 대화가 줄어들면서 '튀는 형'은 많아졌지만 '인화형'은 감소하고 있기 때문이다. 기업들은 인화형 인재를 키우는 프로그램을 속속 도입하고 있다.

로버트 서튼의 저서 '또라이 제로 조직'에 따르면 최근 영국에서는 "남을 존중하지 않는 직원들이 회사에 끼치는 손실을 비용으로 계산하면 기업 당 연간 75만 달러에 이른다."는 연구 결과가 나왔다. 또한 2005년 광운대 산업심리학과 대학원생 한지현 씨가 한국 심리학회지에 발표한 논문은 "기업 직원 316명과 간부 50명을 대상으로 조사한 결과 직장 상사와 부하 간 돈독한 관계가 직원의 스트레스와 이직(離職) 의도를 현저히 감소시키는 것으로 나타났다"고 밝혔다.

01 이 기사에서 제기하고 있는 문제와 기업들의 해결책입니다. 다음 빈칸을 채우십시오.

기업들은 .... 의 증가로 인한 회사의 .... 을/를 줄이기 위해 .... 인재를 .... 기 위한 .... 을/를 도입하고 있다.

실적 기피 추진력 사기 해치다 배치되다 튀다 확산되다 도입하다 손실 연간 돈독하다 현저히

02

다음에서 튀는 형의 태도라고 생각하면 '튀', 인화형이라고 생각하면 '인'을 (　　)에 쓰십시오.

- 똑똑하고 경쟁의식이 강함 (　　)
- 동료의 일도 내 일처럼 생각 (　　)
- 매사에 합리성을 내세움 (　　)
- 동료와 어울리기보다 일이 우선 (　　)
- 동료의 기분을 파악하고 행동 (　　)
- 수단 · 방법 총 동원해 신속한 업무 해결 (　　)
- 친한 동료에게도 예의를 지킴 (　　)
- 일만큼 화합을 중요하게 생각 (　　)

03

여러분 자신은 어느 유형에 속하는 것 같습니까? 자신이 고쳐야 할 태도나 좀 더 보완해야 할 점이 있다면 무엇입니까? 메모하고 이야기해 봅시다.

유형	보완할 태도

04 다음은 이 기사에서 제기한 문제점을 해결하기 위한 사내 공고문입니다. 읽고 이야기해 봅시다.

공 고

우리 회사의 발전과 직원 간 화합을 위해 사원 여러분의 아이디어를 모집합니다.

- 모집 내용 : 각 부서 내에서 직원과 상사간의 의사소통을 원활히 할 수 있는 방안
  애사심을 키우고 작업 능률을 올릴 수 있는 전 직원의 단합을 위한 방안

- 제출기한 : 2007 .10. 1-10. 30

- 포상 내역 : 1등(1명) – 3박 4일 제주도 호텔 숙박권 (가족 4인)
  2등(2명) – 디지털 카메라 한 대
  3등(3명) – 자전거 한 대

기획부

1) 이 공고문은 무엇을 모집하기 위한 것입니까?

2) 이 공고문에서 모집하는 아이디어를 구상해 보십시오. 그 아이디어를 어떻게 실행하면 좋을지 구체적인 방안을 제시해 봅시다.

부서 내 직원과 상사 간의 의사소통을 위한 방안	전 직원의 단합을 위한 방안

과제 2 듣고 말하기 [CD1:10]

다음은 직장 생활의 고충을 상담하는 내용입니다. 듣고 질문에 답하십시오.

01 이 사람과 부장의 직장 생활과 업무 처리 방식은 어떻게 다릅니까?

- 부장 :
- 이 사람 :

02 부장이 이 사람을 뭐라고 비난합니까?

03 상담원이 제시해 준 해결방법은 무엇입니까?

1)

2)

3)

04 여러분이 상담원이라면 어떻게 조언하겠습니까?

일사천리 수시로 요청하다 잡담 부쩍 트집을 잡다 질시하다 거부감 반발 사석 치켜 세우다

05 다음에 제시된 문제 상황을 읽고 하나를 골라 적절한 해결책을 조언해 보십시오.

1) 전 7년 정도의 경력을 가진 30대 초반 여성 직장인입니다. 그동안 열심히 일한 덕에 얼마 전에 팀장직까지 맡게 됐습니다. 그런데 요즘 고민이 있습니다. 저의 팀원 중의 새로 들어온 남자 신입 사원 때문인데 저보다 세 살이 어립니다. 그 친구가 제 책상에 꽃도 갖다 놓고 잡다한 일들을 시시콜콜 물어보고 심지어 퇴근 후 집까지 전화를 하는 겁니다. 처음에는 일을 잘 몰라서 그런가 하고 도와주는 마음으로 같이 밥도 먹고 했는데 언젠가부터 저를 이성으로 대하는 것입니다. 이 불편한 관계를 어떻게 풀 수 있을까요?

2) 같은 부서에서 일하는 후배 여직원 때문에 스트레스를 많이 받고 있습니다. 업무 처리 과정에서 여우 같다고나 할까요? 선배인 제가 매번 당하는 기분이 듭니다. 처음에 그 후배가 입사했을 때 굉장히 사교성 있어 보이고 인사성도 밝아서 좋다고 생각했습니다. 그런데 저와 같이 일하라는 업무가 주어지면 "선배님이 잘 아시니까 선배님이 알아서 처리해 주세요." 하고 자기는 꽁무니를 싹 뺍니다. 또 어떤 때 과장님한테서 왜 일을 끝내지 않았냐는 야단을 들으면 김 선배님이 바쁘다고 가르쳐 주지 않아서 그렇다고 제 핑계를 댑니다. 이런 후배가 자꾸 밉상으로 보이는 건 제가 잘못된 건가요?

03 정리해 봅시다

Ⅰ. 어휘

01 빈칸에 알맞은 조사를 쓴 후 보기와 같이 문장을 만드십시오.

1) 경쟁(　　) 뚫다
2) 적성(　　) 고려하다
3) 사은품(　　) 증정하다
4) 일처리(　　) 빈틈없다
5) 단합 대회(　　) 날을 잡다
6) 설문 조사(　　) 응하다

[보기]
1) 100 : 1이라는 치열한 경쟁을 뚫고 그는 입사 시험에 당당히 합격했다.
2)
3)
4)
5)
6)

02 빈칸에 알맞은 말을 골라 쓰십시오.

통계청	대형 할인점	전문 매장	동향 분석	소신	보람	가치관

1) 부장님은 그에게 올 한해 물가 변동에 대한 (　　　　)을/를 하라고 지시했다.
2) (　　　　)의 저렴한 가격 공세로 소형 슈퍼마켓들은 큰 타격을 받고 있다.
3) 돈, 명예와 권력, 미적 탐구, 종교적인 삶 등 무엇을 중시하는가 하는 삶에 대한 (　　　　)은/는 사람마다 다르다.
4) 금년도 대졸자를 대상으로 (　　　　)에서 실시한 조사에 따르면 취업률은 겨우 50%를 넘었다.

5) 백화점들은 소비자들의 욕구를 만족시키기 위해서 성별, 세대별로 기호를 파악해 컴퓨터, 커피, 주류 등의 (   )을/를 갖춰 놓았다.

6) 옳다고 생각하는 일이라면 힘들어도 (   )을/를 가지고 끝까지 해냈을 때 진정한 (   )을/를 느낄 것이다.

03 아래의 직업과 직장 부서에 어울린다고 생각하는 적성과 성격을 연결해 보십시오. 그리고 자신의 적성과 희망하는 직업(현재의 직업)에 대해 이야기해 봅시다.

적성 : 언어 능력 　수리 능력 　공간 지각 능력 　운동 조절 능력

성격 : 고독형 　사교형 　흥분형 　냉정형 　사고형

행동형 　지배형 　순종형 　독립형 　안정형

직업	적성	성격
기자		
은행원		
운동선수		
영업 사원		
카피라이터		
최고 경영자		

II. 문법

다음 상황에 알맞게 대화를 완성하십시오.

상황 1

남들이 부러워하는 유명 대학을 졸업하고 외국 박사 학위까지 있는 젊은 과학자 부부가 치열한 경쟁과 시간에 쫓기는 직장생활에 회의를 느껴 보다 여유로운 삶을 찾아 시골로 내려갔다고 한다. 이들 부부는 명성과 최고의 직장을 다 버리고 농사를 짓기로 했다고 한다.

영수 젊은 박사 부부가 남들이 부러워하는 ______________ 음에도/ㅁ에도 불구하고 모든 걸 다 버리고 시골로 내려갔다는 뉴스 들었지? 정말 대단하지 않아?

민호 난 공감이 되는데. 어차피 대도시의 직장생활은 ______________ 거니와 ______________ 는/은/ㄴ 부정적인 면도 있잖아.

영수 그렇지만 힘들게 얻은 ______________ 에다가 ______________ 까지 그렇게 다 버리는 건 쉽지 않은 일이야.

민호 그래도 이 사람들처럼 자신이 옳다고 판단했을 때 ______________ 어야/아야/여야 좀 더 멋진 삶을 살 수 있지. 나도 할 수만 있다면 그렇게 하고 싶어.

상황 2

그 정치인은 문란한 사생활과 탈세 혐의로 도덕성에 대해 비난을 받았지만 당국의 처벌은 받지 않았다. 게다가 이번 선거에서 아주 당당하게 국회 의원 후보자로 나서고 있다.

영수 그 후보는 ______________ 에다가 ______________ 까지 있는데도 어떻게 처벌을 안 받았지?

민호 ______________ 음에도/ㅁ에도 불구하고 어떻게 저렇게 당당하게 ______________ 을/ㄹ 수 있을까?

영수 국회 의원이 되려면 ______________ 어야/아야/여야 국민들로부터 신뢰와 지지를 얻을 수 있을 텐데 말이야.

민호 맞아. ______________ 거니와 탈세 같은 불법적인 일은 우리 사회에 있어서는 절대로 안 될 일이지.

Ⅲ. 과제

다음 제목 중에서 하나를 골라 작문을 하십시오.

1) 나의 직업관 / 일과 보람

2) 현대인의 생활과 직장

3) 적성과 직업

01 쓰고자 하는 제목에 필요하다고 생각하는 어휘를 생각나는 대로 쓰십시오.

02 쓰고 싶은 3~4개의 중심 내용을 생각해 3~4개의 문장으로 간단히 쓰십시오.

1)

2)

3)

4)

⇒

03 중심 내용에 덧붙일 예시나 실제 사례를 간단히 메모하십시오.

⇒

04 자신이 생각하는 결론적인 의견을 정리해 간단히 쓰십시오.

⇒

05 1-4단계에서 이루어진 내용들을 잘 조합하여 한 편의 완성된 글을 써 보십시오. (800자 내외)

제목 :

200

400

600

800

1000

문화

직업 풍속도

한국의 직업 풍속도는 한국 사회의 급속한 변화와 긴밀히 연결되어 있다.

1960~1970년대까지는 농업, 임업, 어업과 같은 1차 산업 부문의 종사자가 여전히 많은 수를 차지하고 있지만 1970년대 중반부터는 뚜렷한 감소 추세를 보인다. 다른 한편, 산업화와 도시화에 따른 근대적 산업 생산직과 사무직, 판매 · 서비스직은 꾸준히 증가해 왔다. 또한 1982년 1월 6일 통행금지가 해제된 이후, 밤이나 새벽에 일하는 판매 종사자, 서비스 종사자들과 같은 직업이 증가함으로써 일하는 시간이 늘어났다.

이러한 변화는 일의 능률과 효과를 급속히 증대시켰지만 부작용도 있었다. 대표적인 사례로 일중독증을 들 수 있다. 이는 경제 성장을 향한 국가 차원의 노력과 함께 가난을 벗어나려는 부모 세대의 필사적인 노력이 혼합된 것이었다. 빵을 위한 노동이 일상을 전면적으로 지배하는 형태라고 할 수 있다.

하지만 1990년대 이후 소비주의와 디지털 문화에 익숙한 오늘날 신세대의 직업의식과 직업 선택 기준은 부모 세대와 뚜렷한 차이를 이룬다. 특히 영상문화와 인터넷 수용에 적극적인 10대의 경우, 백댄서 · 연예인 코디네이터 · 멀티미디어 PD, 웹마스터 · 홈쇼핑 모델 등은 이들이 꼭 한 번 도전해 보고 싶어하는 인기 직종으로 꼽힌다. 그리고 직장에서 은퇴할 때까지 일하던 부모 세대와는 달리 신세대에게는 평생 직업은 있되 평생직장은 없으며 '사' 자로 집약되던 권위적, 학력 지향적 직업보다는 취미와 적성에 따라 직업을 선택하려는 경향이 나타나고 있다. 대학 졸업 후 노점상 좌판으로 개인 사업을 한다든지 '웃기는 게 취미라서 직업으로 하고 싶다' 는 행정 고시 출신 개그맨의 예는 사회적 위세가 아니라 자신의 관심과 소질에 따라 직업을 선택하는 사례라고 할 수 있다.

* 직업 풍속도 : 그 시대의 직업 세태

1. 한국에서 시대 변화에 따라 직업은 어떻게 변화되었습니까?

1) 1960년대 :

2) 1970년대 :

3) 1980년대 :

2. 1990년대 이후 신세대의 직업의식과 직업 선택 기준은 부모 세대와 어떤 차이를 보입니까?

3. 여러분 나라의 경우는 어떻습니까?

문법 설명

01 -에도 불구하고

명사나 명사 구실을 하는 표현에 붙어 앞의 행위나 상태의 결과에서 기대할 수 있는 것과 다르거나 반대의 사실이 결과적으로 뒤에 올 때 쓴다.

- 마음이 따뜻한 사람임에도 불구하고 말을 잘 하지 않아 냉정해 보일 때가 있다.
- 많은 노력에도 불구하고 결과는 만족스럽지 않았다.
- 허위 광고로 드러났음에도 불구하고 공식적인 사과를 하지 않고 있다.
- 여러 번 실패했음에도 불구하고 그때마다 실패의 원인을 찾아내어 새로운 시도를 해 왔다.

02 -거니와

앞의 내용을 인정하면서 뒤의 사실을 덧붙임을 나타낸다. 앞의 사실에 더해 뒤의 사실까지 있어서 더 어떠하다는 것을 말할 때 주로 쓴다. 이미 끝나거나 지난 일에 대해 이야기할 때는 '-었거니와/았거니와/였거니와' 형태를 사용하고 미래나 의지를 나타내고자 할 때는 '-겠거니와'를 사용한다.

- 상사는 부하를 인격적으로 대해야 하거니와 업무 수행에 대해서는 정당한 평가를 해 주어야 한다.
- 동시통역사가 되려면 분석력, 종합력도 중요하거니와 체력과 원만한 성격도 중요하다.
- 예전에는 결혼하라는 부모님의 성화도 심했거니와 설령 취직한다고 해도 승진이 쉽지 않았기 때문에 취직을 하지 않는 여성들이 많았다.
- 바람직한 직장 생활을 위해서는 원만한 대인 관계도 필요하거니와 일과 가정생활과의 조화도 필수적이다.

03 -에다(가)

어떤 것에 다른 것이 더하여짐을 나타내는데 '-에다가 -까지'의 꼴로 쓰인다.

- 집들이 잔치에 친척들에다가 친구들까지 와서 앉을 자리가 없네요.
- 직장 생활하면서 아르바이트에다 공부까지 하다니 대단하세요.
- 그 기업은 수출부진에다 자금난까지 겹쳐 도산 위기에 처했다.
- 그 분은 뛰어난 외국어 실력에다가 지도력과 겸손함까지 겸비한 인재입니다.

04 -어야/아야/여야 -지.

'-어야/아야/여야'는 앞선 행위나 상태가 뒤 상황에 대한 필수적인 조건임을 나타내며 '-지.'는 듣는 사람이 어떤 사실을 알고 있다고 말하는 사람이 전제하며 말하거나 말하는 사람 자신에 관한 이야기나 자신의 생각을 친근하게 말할 때 쓴다. '-지.'는 친구 관계나 그 밖에 아주 친한 사이에서 또는 말하는 사람보다 아랫사람에게 일반적으로 쓴다.

- 젊을 때 열심히 일해야 돈을 모으지.
- 윗물이 맑아야 아랫물이 맑지.
- 어릴 때 외국어를 배워야 발음이 좋지.
- 힘들 때 도와줘야 고맙다고 생각하지.

제3과 일상생활과 여가 문화

01
제목 | 한국인의 현대 일상생활
과제 | 현대 일상 문화의 가치에 대해 토의하기
한국인의 일상 문화 분석하기
어휘 | 현대인의 식생활
문법 | -긴 -나 보다, -길래

02
제목 | 현대인의 여가 문화
과제 | 올바른 여가 문화에 대해 토론하기
여가 및 기타 주제에 대해 설문 조사하기
어휘 | 여가
문법 | -기는커녕, -을뿐더러

03
정리해 봅시다

- 문화
옛날의 공휴일

01 한국인의 현대 일상생활

학습 목표
- 과제 현대 일상 문화의 가치에 대해 토의하기
- 문법 -긴 -나 보다, -길래
- 어휘 현대인의 식생활

한국의 출퇴근 풍경은 어떻습니까?

이것은 어느 회사원의 하루 계획표입니다. 여러분의 일상은 어떻습니까?

대화

CD1:11~12

제임스 아, 민철 씨. 지금 출근하세요?

민철 네. 제임스 씨, 아직 이른 시간인데 오늘은 일찍 출근하시네요. 그런데 들고 계신 샌드위치는 아침이에요?

제임스 네. 일찍 온 김에 지하철역 근처의 샌드위치 가게에서 한 번 사 봤어요. 민철 씨는 식사하셨어요?

민철 아직요. 교통 체증을 피하느라고 일찍 나오다보니 집에서는 아침을 먹기가 힘들어요.

제임스 저도 그렇지만 요즘 사람들이 바쁘긴 바쁜가 봐요. 빵 한 조각으로 때울 시간이 없어서 아침을 거르기가 일쑤인 걸 보면요. 식사를 제대로 해야 건강도 잃지 않을 텐데 말이에요.

민철 그래서 저는 어떻게든 아침을 챙겨 먹으려고 하는 편이에요. 아침식사를 배달하는 업체가 있길래 얼마 전부터 거기에 주문해서 먹고 있어요. 사무실까지 배달도 해 주니까 여러 모로 편리하고 무엇보다 시간이 절약되어서 좋아요.

제임스 어, 그거 좋은 방법이군요. 통근 시간도 단축되고 교통 체증에도 시달리지 않고 제대로 된 아침식사도 하고, 일석삼조군요.

01 두 사람은 무엇에 대해 이야기하고 있습니까?

❶ 현대인의 직장 업무 ❷ 현대인의 입맛

❸ 현대인의 바쁜 일상 ❹ 현대인과 스트레스

02 민철 씨와 제임스 씨는 각각 아침을 어떻게 해결하고 있습니까?

03 위 대화를 보기와 같이 이어서 이야기해 봅시다.

[보기] 민 철 : 그럼요. 제임스 씨도 해 보시는 게 어때요? 생각보다 좋은 점이 많더라고요.
제임스: 네. 정말 그렇겠어요. 아침에는 잠을 조금이라도 더 자고 싶고 또 아침을 차려서 먹기도 귀찮으니까요. 그나저나 배달 업체 전화 번호 좀 가르쳐 주시겠어요?

때우다 거르다 일쑤이다 챙기다 업체 절약되다 통근 단축되다 시달리다

어휘 현대인의 식생활

01 다음 표를 채우고 빈칸에 알맞은 말을 골라 쓰십시오.

사다
시키다
배달하다
기르다
데우다
하다

\+ 먹다 →

가공
자연
건강

\+ 식 →

요즘에는 간단하게 먹을 수 있게 가공되어 나오는 (   )이/가 있지만 나는 그런 식품에는 믿음이 가지 않아 베란다에서 채소를 직접 (   )고 있다. 그 덕분에 언제나 신선한 채소를 먹을 수 있어서 좋다. 그리고 될 수 있는대로 밖에서 음식을 (   )지 않으려고 한다. 피곤하고 귀찮아도 집에서 (   )는/은/ㄴ 편이다. 직접 요리하지 않고 전화로 음식을 (   )거나 인스턴트 음식 같은 것을 사서 그저 전자레인지에 (   )기만 한다면 시간을 절약하려다가 소중한 건강을 잃게 될 것이기 때문이다.

02 위 어휘를 사용해 여러분의 식생활에 대해서 보기와 같이 이야기해 봅시다.

[보기] 예전에는 집에서 콩나물이나 상추를 직접 길러 먹곤 했다. 자라는 것을 보는 재미도 있을 뿐만 아니라 농약을 치지 않으니 자연식을 할 수 있기 때문이었다. 그러나 요즘에는 대부분 사 먹고 있다. 유기농 채소가 많이 나와서 직접 기르는 수고를 할 필요가 없어졌기 때문이다. 그런데 이제는 사러 가는 것도 귀찮아져서 전화나 인터넷으로 배달시켜 먹고 있다. 참 편리한 세상이다.

문법

01 다음 글을 읽고 문법 및 표현을 익혀 봅시다.

오랜만에 하루 휴가를 냈다. 회사 생활만 하다 보니 집과 사무실만 왔다 갔다 하는 내가 마치 쳇바퀴 속을 돌고 있는 다람쥐와 같다고 느껴졌기 때문이다. 그동안 피곤이 많이 **쌓이긴 쌓였나 보다.**

그런데 막상 집에서 나가려고 하니 어디에서 시간을 보낼지 막막했다. 근교에 나가 바람이나 쐴까 하다가 명동에 나갔다. 항상 일 때문에 바쁘게 오가던 곳을 여유 있게 거닐고 싶었기 때문이다. 한 손에는 핸드폰, 한 손에는 커피를 들고서 바삐 걸어가는 사람의 모습은 전형적인 도시인의 모습, 바로 어제의 나의 모습이었다. 지나가는 사람이 들고 있는 커피의 향기가 **좋길래** 나도 한 잔 할까 하고 커피숍으로 향했다.

-긴 -나 보다

1) 다음의 대화를 [보기]와 같이 완성하십시오.

[보기] 가 : 저 식당 앞에 줄 선 것 좀 봐.
나 : 저 식당 유명하잖아. 손님이 끊이질 않아.
가 : 그래? 음식이 맛있긴 맛있나 보다.

가 : 야, 저 중학생들 키 좀 봐. 정말 크다.
나 : 요즘 아이들 평균 키가 우리 세대에 비해 10센티 이상 크대.
가 : 요즘 아이들의 키가 ....

가 : 핸드폰이 없으면 너도 불안하니?
나 : 응, 나도 요전에 핸드폰을 집에 두고 나왔다가 정말 하루 종일 안절부절 못했지 뭐야.
가 : 우리가 요즘 핸드폰에 너무 ....

가 : 너도 이 옷 샀구나. 요새 이 옷 눈에 많이 띄더라.
나 : 난 그냥 예뻐서 샀는데?
가 : 패션에 관심 없던 너까지 사 입은 걸 보니 이 옷이 ....

가 : 저 사람들은 만날 싸우면서도 왜 안 헤어져?
나 : 정 때문에 헤어지기가 그리 쉽겠어?
가 : 정이 ....

–길래

2) 빈칸을 채우고 보기와 같이 이야기해 봅시다.

발견한 사실	그 후의 나의 행동
친구가 고기만 골라 먹다	골고루 먹는 게 몸에 좋다고 잔소리를 했다.
선식을 해 보니 몸에 좋다	
친구가 부르는 노래가 마음에 들다	제목이 뭐냐고 물어 봤다.
꽃집에서 파는 꽃의 향기가 너무 향기롭다	
길에 사람들이 모여 있다	

[보기] 친구가 고기만 골라 먹길래 골고루 먹는 게 몸에 좋다고 잔소리를 했다.

02 다음 표의 빈칸을 채우고 '–길래', '–긴 –나 보다'를 사용해 보기와 같이 이야기해 봅시다.

새로운 사실	그 후의 자신의 행동	판단	판단의 근거
요즘 파일로 음악을 듣는 사람이 많다.	CD를 mp3파일로 바꿨다.	이렇게 하는 사람이 많다.	여기저기에서 이어폰을 꽂고 다니는 사람들을 볼 수 있다.
아침 운동이 건강에 매우 좋다는 신문 기사를 읽었다.	아침 운동을 시작했다.	운동이 좋다.	피곤함이 덜하다.
친구가 요가 교실에 다닌다.		요가가 인기가 있다.	등록하기가 어려울 정도로 회원들이 많았다.

[보기] 요즘 파일로 음악을 듣는 사람이 많길래 나도 CD를 mp3파일로 바꿨다. 정말 이렇게 하는 사람이 많긴 많은가 보다. 여기저기에서 이어폰을 꽂고 다니는 사람들을 볼 수 있으니까 말이다.

과제 1 듣고 말하기 [CD1:13~15]

다음을 듣고 질문에 답하십시오.

01 세 사람의 생활을 정리해 봅시다.

이름			
일과	• 기상 : • 오전 : • 오후 :	• 기상 : • 낮 : • 밤 :	• 기상 : • 낮 : • 밤 :
경제 형편			
힘든 일			
행복			

02 세 사람은 어떤 사람입니까? 다음을 연결하고 이야기해 봅시다.

이경훈 •	• 가정 중심의 삶을 지향하는 귀농자
정연세 •	• 일 중심의 생활을 하는 회사원
김무상 •	• 자유를 지향하는 아르바이트족

03 요즘 여러분 나라에는 어떤 유형의 사람들이 많습니까? 만약 한 가지 유형이 많다면 그 이유는 무엇인지 이야기해 봅시다.

04 일상에서 여러분이 느끼는 가치 있는 순간은 언제입니까? 여러분은 어떤 인생이 가치가 있다고 생각하는지 이야기해 봅시다.

귀농하다 축사 확장하다 여물 뿌듯하다 동참하다 든든하다 지원군 불어나다 자산 누리다 일정하다 나름대로

과제 2 읽고 말하기

다음 글을 읽고 질문에 답하십시오.

한국 직장인들은 술 모임이 잦은 편이다. 그들은 왜 술을 마시는 걸까?

엘리아데에 의하면 인간은 질서 정연한 코스모스의 세계와 카오스라는 혼돈의 세계를 오가며 살고 있다고 한다.

카오스의 시간인 카니발이라는 축제에서는 남녀의 역할이 바뀌고 신분의 상하 구조가 바뀌는 연극이나 춤을 추는 문화적인 현상이 나타나는데, 이렇게 일상생활의 질서가 뒤바뀐 카오스의 세계는 카니발이라는 기간이 끝나면 다시 질서 정연한 일상의 사회 구조로 돌아간다. 이런 카니발은 꽉 짜여진 사회 질서의 긴장감을 잠시나마 해소하는 기능과 함께 한편으로 일상적인 위계질서를 벗어난 시간의 경험을 통해 기존의 사회적 질서를 한층 더 확립하게 하는 기능도 가지고 있다.

인간이 카오스의 세계를 경험하려는 것은 영원히 카오스의 세계에서 살기 위함이 아니라 새로운 코스모스의 세계로 돌아가기 위함이다. 이러한 과정을 통해서 보면, 인간은 질서-무질서-질서, 또는 일상-비일상-일상을 반복하면서 살아가는 존재라고 할 수 있다.

일상은 길고 카오스 즉, 일탈의 시간은 짧기 때문에 사람들은 일탈의 시간이 보다 심화되고 파격적이기를 원하는데, 한국인의 술판이 때로 난장판의 상태에 이르는 것도 바로 이 때문이라고 할 수 있다. 그리고 술판에서 일상생활과는 다른 일탈적인 인간의 모습을 볼 수 있는 것도 이러한 이유 때문인 것이다.

01 인간이 카오스의 세계를 경험하는 이유는 무엇인지 위 글에서 찾아 쓰십시오.

새로운 □□□□의 세계로 돌아가기 위해서

02 위 글을 읽고 '카니발'에 대해 정리해 봅시다.

카니발에 나타나는 문화적인 현상	1) 2)
카니발의 기능	1) 2)

혼돈 뒤바뀌다 질서 정연하다 해소하다 위계질서 벗어나다 확립하다 심화하다 파격적이다 난장판

03 위 글에서는 한국인의 술판이 때로 난장판의 상태에 이르는 이유가 무엇이라고 말합니까?

04 여러분의 생활을 일상과 일탈로 구분하여 간단히 써 보고 일탈이 어떤 기능을 하는지 이야기 해 봅시다.

매일의 일상	가끔의 일탈

05 여러분 주위에서 볼 수 있는 '**일상적인 생활과는 다른 일탈적인 인간**의 모습'에 대해 이야기 해 봅시다.

02 현대인의 여가 문화

학습 목표 ● 과제 올바른 여가 문화에 대해 토의하기, 여가 및 기타 주제에 대해 설문 조사하기
● 문법 -기는커녕, -을뿐더러 ● 어휘 여가

위의 사진은 다양한 여가 활동을 즐기는 한국인의 모습입니다.
여러분은 어떤 여가 활동을 즐깁니까?

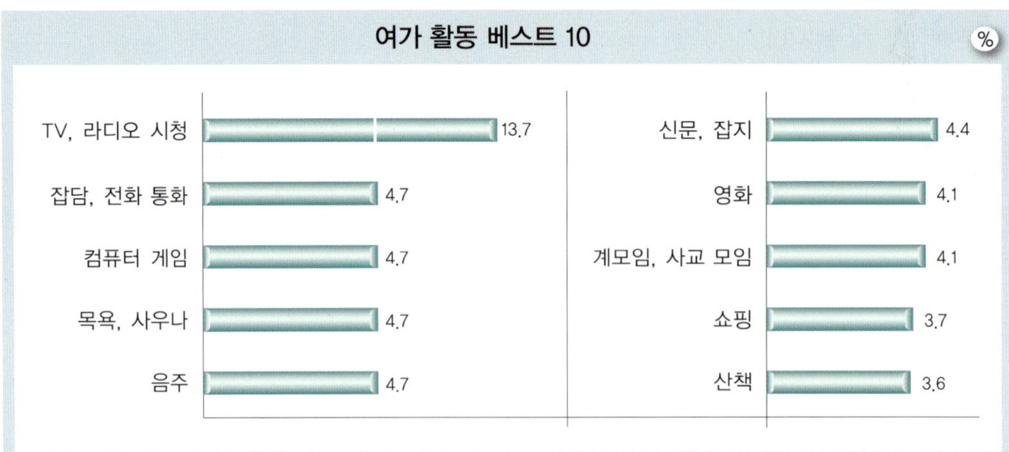

위 그래프는 한국인의 여가 활동 중 가장 큰 부분을 차지하고 있는 10가지입니다. 여러분 나라는 어떻습니까?

대화

CD1:16~17

김 부장 아니, 웨이 씨. 주말에 무슨 일이 있었습니까? 월요일 오전부터 책상 앞에서 꾸벅꾸벅 졸고 있으니… 주 5일 근무제라 주말에 편히 쉴 수 있잖아요.

웨이 죄송합니다. 근데 전 편히 쉬기는커녕 주말에도 술 약속이 생겨서 월요일 아침이 더 힘드네요.

김 부장 하긴 신문을 보니까 늘어난 여가 시간에 뭘 해야 좋을지 모르는 사람들이 많다더군요. 그렇지만 그 시간을 잘 활용하는 사람도 있지요. 거 왜 영업부의 박 대리는 주말마다 사진을 찍으러 가고, 총무부의 윤지현 씨는 재즈 댄스를 배우나 보던데.

웨이 저라고 왜 그러고 싶지 않겠어요. 근데 친구들이 주말마다 한잔하자는 바람에 계속 술을 마시게 되네요.

김 부장 웨이 씨도 뭔가 여가 시간을 알차게 보낼 방법을 찾아 보세요. 나는 주말마다 가족들과 등산을 했더니 기분전환도 될뿐더러 아들과 함께 보낼 수 있는 시간도 생기고 해서 좋던데요. 사실 바빠서 얼굴 보기도 힘들었거든요.

웨이 그래야지요. 안 그래도 이번 주말부터는 보고 싶던 연극이나 뮤지컬 관람을 할까 해요. 귀한 여가 시간인데 좀 더 보람 있게 생산적으로 보내야겠지요. 그러면 한 주 동안 일에 지친 몸이 재충전도 될 테고.

01 위 대화의 사람들은 여가 시간에 무엇을 합니까?

웨이	
김 부장	
박 대리	
윤지현	

02 김 부장은 웨이 씨의 문제가 무엇이라고 생각합니까?

03 여러분도 어떻게 하면 주말을 알차게 보낼 수 있을지 보기와 같이 이야기해 봅시다.

[보기] 가 : 주말을 잘 보낼 수 있는 방법 뭐 없을까? 토요일에 쉬니까 더 게을러지는 것 같아. 하루 종일 TV만 보고 잠만 자니까...

나 : 요가를 한 번 해 보는 게 어때? 사내 동호회에 가입해서 다른 동료들과 함께 말이야.

주 5일 근무제　하긴　여가　활용하다　알차다

어휘 여가

01 다음 표현을 익히고 빈칸에 알맞은 말을 골라 쓰십시오.

주 5일 근무제 격주 휴무 징검다리 휴일 월차 휴가	동호회 동호인 동아리 클럽	삶의 활력소가 되다 생활에 활기를 불어 넣다 재충전을 하다 활기차다 원기를 되찾다

나는 초등학교 4학년 아들을 둔 전업주부이다. 남편은 무역 회사에 다니고 있다. 회사 일 때문에 남편은 매일 늦게 들어오고 주말에도 출근을 하니, 우리 아이는 학교에 가지 않는 토요일에도 아빠 얼굴 보기가 힘들었다. 그런데 두 달 전부터 실시된 (   ) 덕분에 우리 가족은 아이가 학교에 가지 않는 주말에는 가족 모두 함께 등산을 간다. 한 달에 한 번 겨우 쉬는 (   ) 때면 하루 종일 잠만 자던 남편이 원기를 되찾았고, 또 한 주 열심히 일할 수 있도록 (   )을/ㄹ 기회를 갖게 되었다. 대학 때 남들 다 하는 (   ) 활동도 못해 봤는데 남편과 등산 (   )에 가입하고 나서는 (   )게 한 주를 시작할 수 있게 되었다. 아직 남편이 다니는 회사는 주 5일제를 시작한지 얼마 안 돼서 한 주 걸러 쉬는 (   )만 하기 때문에 매주 가지는 못하지만 그래도 가족들이 함께 할 수 있는 시간이 생겨서 얼마나 좋은지 모른다.

02 여러분의 여가 생활은 어떻습니까? 위 어휘를 사용해 보기와 같이 이야기해 봅시다.

> [보기] 저는 요리 동호회 사람들과 2주에 한 번 만나서 새롭게 개발한 음식을 만드는 모임을 갖고 있어요. 동호인들과 함께 음식을 만들고 맛있는 요리를 먹으면서 이야기를 하다 보면 스트레스도 풀리고 재충전도 되는 것 같아요.

문법

01 다음 글을 읽고 문법 및 표현을 익혀 봅시다.

지난 주말에는 친구와 대학로에 다녀왔다. 대학 다닐 때 그렇게 좋아했는데 회사에 들어와서는 볼 생각도 못하던 연극을 보고 온 것이다. 사실 난 주 5일 근무제가 시작된 지 반 년이나 됐는데도 남는 시간을 **즐기기는커녕** 주말마다 술에 찌들어 살았었다. 근데 월요일 아침부터 꾸벅꾸벅 졸다가, "여가 시간을 알차게 보낼 방법을 찾아 보시죠."하는 부장님 말씀을 듣고 보니 안 되겠다 싶어서 연극 관람을 실행에 옮겼다. 역시 연극은 사람들에게 재미와 감동을 **줄뿐더러** 메말라가는 감성을 되살아나게 해 주는 무엇이 있는 것 같다. 이제부터는 술 약속은 줄이고 공연 관람을 더 자주 해야겠다.

-기는커녕

1) 다음을 연결하고 [보기]와 같이 이야기해 봅시다.

주말에 푹 쉬었는데도 월요일에 활기차다 •	• 더 도와주지 않는다고 불평을 한다.
다른 회사는 주 5일 근무제라던데 우리는 토요일에 쉬다 •	• 오히려 예전 것만도 못하다.
남편은 일요일에 가족들과 시간을 보내다 •	• 야근까지 해야 한다.
그렇게까지 도와주었는데도 고마워하다 •	• 예전보다 더 피곤한 것 같다.
신제품이라고 해서 샀는데 기능이 좋아지다 •	• 하루 종일 잠만 잔다.

[보기] 주말에 푹 쉬었는데도 월요일에 활기차기는커녕 예전보다 더 피곤한 것 같다.

-을뿐더러

2) 빈칸을 채우고 보기와 같이 이야기해 봅시다.

주 5일 근무제	나에게 쉴 여유를 주었다.	가족들과 함께 할 시간도 마련해 주었다.
사진 찍기	재미가 있다.	
배낭여행		자신을 돌아볼 수 있는 기회를 준다.
음주 운전	내 생명을 위험하게 한다.	
친구 ________		

[보기] 주 5일 근무제는 나에게 쉴 여유를 주었을뿐더러 가족들과 함께 할 시간도 마련해 주었다.

02 다음의 상황에서 기대와 달리 나쁜 결과가 나왔던 이야기를 듣고 그에 대한 대안과 그 장점을 아래의 표에 정리한 후 '-기는커녕', '-을/ㄹ뿐더러'를 사용해 보기와 같이 대화를 만들어 봅시다.

	기대했던 것	나쁜 결과	대안 제시	장점
교과서 문장 외우기	문법 이해가 쉬워질 것이다.	이해도 잘 안 되고 머리만 아프다.	무조건 외울 것이 아니라 직접 문장을 만들어 가면서 외워라.	문법이 이해가 된다. 단어도 복습 할 수 있다.
새 컴퓨터 구입	일들을 빠르게 할 수 있을 것이다.	어떻게 다루는지도 모르겠다.	설명서를 찬찬히 읽어 봐라.	새 컴퓨터 사용법을 알 수 있다. 예전에 모르던 것도 알 수 있다.
아이 야단 안 치고 칭찬하기	기가 살아서 적극적인 성격으로 변할 것이다.	버릇만 나빠졌다.	하면 안 되는 것도 분명하게 가르쳐라.	성격이 변한다. 예절도 가르칠 수 있다.

[보기] 가 : 한국어 문법은 너무 어려워. 교과서에 있는 문장을 다 외우면 문법 이해가 쉬워질 줄 알았거든. 그런데 문법이 이해되기는커녕 머리만 아파.

나 : 아이구, 무조건 외우기만 하면 어떻게 해. 무조건 외우지 말고 직접 문장을 만들어 가면서 외워 봐. 그러면 문법도 이해가 잘 될뿐더러 전에 배운 단어를 복습할 수도 있으니까.

과제 1 읽고 말하기

다음 글을 읽고 질문에 답하십시오.

여가 생활도 배워야 즐긴다…경제 아닌 복지 차원 접근해야

은행원 K(45 · 경기도 고양시)씨는 주말이면 주로 TV 시청으로 시간을 보낸다. 물론 가끔 가족들과 집 가까운 호수공원을 산책하거나 북한산 등반을 하는 경우도 있지만 집안에서 보내는 시간이 가장 마음 편하다. K씨와 같이 1970년대 초 · 중 · 고등학교를 다닌 중년층은 여가가 있어도 즐기는 방법을 모른다. 대학까지 공교육을 마치는 동안 학과 공부 외에 '노는 공부'를 한 적이 없기 때문이다. 노는 방법을 배우는 것을 공부라고 생각해 본 적이 없는 세대다.

2004년 모 방송사 여가 설문 조사에서 '주말에 뭘 할 것인가'를 묻는 질문에 '뭘 하고 놀지 모르겠다.'는 항목이 1위를 차지한 것은 여가 교육의 필요성을 단적으로 증명해준다. 이에 대해 전문가들은 그동안 사교육에만 전적으로 내맡겨온 여가 교육을 공교육에서 일부 떠안아야 한다고 주장한다.

여가 문화가 제대로 형성되기 위해서는 여가 시설과 여가 활동 프로그램, 그리고 여가 전문가가 있어야 한다. 그러나 주 5일 근무제 실시로 늘어난 여가를 즐기기엔 저렴하게 이용할 수 있는 공공 부문의 여가 인프라가 턱없이 부족하다.

지난해 정부가 실시한 2006 국민 여가 조사에서도 응답자들이 문제점으로 꼽은 것 중 저렴하게 이용할 수 있는 여가 시설이나 프로그램 부족(48.5%)이 압도적이었다. 반면 찜질방, 비디오방, 노래방, PC방, 영화관 등 레저시설과 스키장, 골프장 등 스포츠 시설 같은 상업적 여가 시설은 웰빙 붐을 타고 팽창일로에 있다. 여가 생활을 복지 및 삶의 질 차원에서 접근하는 선진국과 달리 우리나라는 여가 산업이 아직 시장 경제에 맡겨져 있다.

통계청이 2005년 발표한 사회통계조사 보고서에 따르면 국민들은 여가 활동에 불만족을 느끼는 가장 큰 이유로 경제적 부담(52.4%)을 꼽았다. 여가를 즐길 시간은 있지만 비싼 비용 때문에 망설인다는 것이다. 비싼 비용 문제는 여가 양극화와 여가 소외라는 또 다른 문제를 야기한다. 여가 양극화를 해결하기 위해서는 저렴하게 이용할 수 있는 여가 시설의 확충이 무엇보다 필요하다.

접근하다 단적으로 증명하다 전적으로 떠안다 저렴하다 인프라 턱없이 압도적이다 팽창일로 양극화 야기하다

01 위 글의 중심 내용은 무엇입니까?

❶ 주 5일 근무제
❷ 문화 센터 프로그램에 참가할 필요성
❸ 여가 교육과 여가 시설 확충의 필요성
❹ 여가 생활의 양극화 현상

02 K 씨와 같은 사람들이 여가를 즐기지 못하는 이유는 무엇입니까?

03 한국 여가 문화의 현실과 여러분 나라를 서로 비교하여 이야기해 보고 표에 정리해 봅시다. 혹시 문제점이 있다면 해결 방안에 대해 이야기해 보고 정리해 봅시다. 한국의 경우는 위 글을 참고하십시오.

	한국의 문제	해결 방안	______의 문제	해결 방안
여가 교육	'노는 교육'을 받아 본 적이 없어 무엇을 할지 모름.	여가 교육이 필요함.		
여가 시설	공공 여가시설은 매우 부족하고, 상업적 여가 시설은 크게 늘어남.	공공 여가 시설의 확충		
여가 비용	비쌈.			
여가 산업 정책	시장 경제에 맡겨져 있음.			

과제 2 읽고 말하기

다음 설문 조사 개요와 설문지를 보고 설문 조사를 해 봅시다.
먼저 '조사 개요'를 작성한 후 기본조사 문항과 질문 문항으로 구성된 설문지를 완성하십시오. 그 다음 설문지를 가지고 설문 조사를 한 뒤, 조사 결과를 정리해서 발표해 봅시다.

01 다음은 〈2006 국민 여가 조사〉의 개요입니다.

1. 조사명 : 『2006 국민 여가 조사』
2. 조사 목적 : 여가 목적별 여가 활동 조사
3. 조사 기간 : 2006년 5월 18일 ~ 6월 5일
4. 자료 수집 방법 : 설문지를 이용한 1 : 1 개별 면접
5. 조사 지역 : 전국 15개 시도(제주도 제외)
   –서울, 부산, 대구, 인천, 광주, 대전, 울산, 경기, 강원, 충북, 충남, 전북, 전남, 경북, 경남
6. 조사 대상 : 만 10세 이상 남녀

위의 조사 개요를 보고 다음의 주제 중에서 하나를 골라 설문 조사 계획을 세워 보십시오.

한국어 학습 실태	한국인의 존대어 사용	한국인의 직업관
직장 내의 인간관계	여가 생활의 시간/공간/경제적 환경과 만족도	

1. 조사명 :
2. 조사 목적 :
3. 조사 기간 : 　　년 　　월 　　일 ~ 　　월 　　일
4. 자료 수집 방법 :
5. 조사 지역 :
6. 조사 대상 :

02 [보기]의 기본 조사와 질문 문항에 간단히 답한 후, [보기]처럼 설문지를 만들어 봅시다.

[보기]

I. 기본 조사

1. 귀하의 성별은? □남 □여
2. 귀하의 연령은? □10대 □20대 □30대 □40대 □50대 □60대 이상
3. 귀하의 결혼 여부는? □미혼 □기혼
4. 귀하의 최종 학력은? □중졸 이하 □고졸 □대졸 □대학원졸 이상
5. 귀하의 가족 전체의 월 평균 수입은 얼마나 됩니까?
   □100만원 이하 □100-200만원 □200-300만원
   □300-400만원 □400만원-500만원 □500만 이상
6. 귀하의 직업은? □농업, 어업 □자영업 □판매, 서비스 □기능, 생산직 □학생
   □사무, 관리직 □전문 자유직 □가정주부 □공무원 □기타

II. 여가 활동의 목적과 참여 실태

7. 다음 중 지난 1년간 참여해본 적이 있는 여가 활동에 모두 v표를 하십시오.

문화 예술 관람		요트/윈드서핑/수상 스키		취미 오락	
문학 행사 참여		행글라이딩/패러글라이딩		수집 활동(스크랩 포함)	
미술 전시회 감상		스케이트보드/인라인		노래방 가기	
클래식/오페라 관람		번지 점프/래프팅		독서/만화책 보기	
전통 예술 공연 관람		스키/스노보드		고스톱/카드놀이/마작	
연극/무용/영화 관람		격투기(태권도/유도..)		당구/포켓볼	
연예 공연 관람		승마		게임	
문화 예술 참여		사냥/사격		인터넷 서핑/채팅/미니 홈피	
문예 창작/독서 토론		스포츠 관람		네일 아트/피부 관리	
그림/조각/도예/서예		스포츠 경기 관람		외식	
악기/노래/춤		격투기 관람		음악 감상	
사진 촬영		관광		등산	
스포츠 참여		국내 숙박 여행		쇼핑	
마라톤/조깅/속보		해외여행		휴식 및 봉사	
줄넘기/맨손 체조		배낭여행		찜질방	
헬스		온천/삼림욕		낮잠	
요가		테마파크/놀이 공원		목욕/사우나	
배드민턴/테니스/스쿼시		명승지 방문		TV시청	
골프		자연 학습		신문, 잡지 보기	
구기(축구/농구/야구)		맛집 기행		종교 활동	
수영		드라이브		사회봉사	
		소풍/야유회		계모임/동창회/사교 모임	
				잡담/통화하기	

8. 여가의 목적은 무엇이라고 생각하십니까? 해당되는 것에 모두 v표시를 해 주십시오.
   □개인적인 즐거움 □스트레스 해소 □건강 □대인 관계 및 교제 □일의 능률 향상
   □자기 계발 □자아실현 □시간 때우기

9. 질문 7의 표에 v표를 한 항목 중, 가장 자주 하는 것을 고르고, 그 여가 활동을 하는 목적을 고르십시오. ____________________

   ① 개인적인 즐거움 ② 스트레스 해소 ③ 건강 ④ 대인 관계 및 교제
   ⑤ 일의 능률 향상 ⑥ 자기 발전/자기 계발 ⑦ 자아실현/자아 만족 ⑧ 시간 때우기

10. 위의 여가 활동은 얼마나 자주 하고 계십니까?

비정기적	매일	주2~3회	월3~4회	월1~2회	년3~4회	년1~2회

11. 위의 여가 활동이 이루어지는 장소는 주로 어디입니까?
   □집 □실내 공간 □야외 공간 □사이버/모바일 공간

I. 기본 조사

1.

II.

1.

완성된 설문지를 이용해 설문 조사를 한 후, 그 결과를 다음과 같이 정리하고 발표해 봅시다.

세대별 여가 활동 특성

세대	특성
10~20대	온라인 활동 중심(게임)
30대	다양한 여가 생활 경험
40~50대	관계 중심 여가(사교 모임)
60대 이상	건강 기능성 여가(산책)

성별에 따른 여가 활동 특성

성별	특성
남자	단절적 여가-요일 차이 특성
여자	관계 중심 여가

지난 1년간 주로 경험한 여가 활동에 있어서 연령별로 차이가 나타났다. 정보화 세대인 10대와 20대는 '게임'과 '영화보기', '인터넷 서핑/채팅'이 다른 연령대에 비해 많고, 30대는 다양한 여가 활동에 참여하는 경향이 있다. 40대 이상은 온라인보다는 오프라인 상의 '계 모임/동창회/사교 모임'의 비율이 높아지며, 60대 이상은 건강을 위한 목욕/사우나, 낮잠, 산책, 그리고 사교를 위한 계 모임/동창회/사교 모임, 산책 등에 참여하는 비율이 높아진다.

여가 활동의 성별 차이도 보인다. 남자들은 음주, 게임, 신문/잡지 보기 등의 여가 활동에 많이 참여하는 경향이 있고, 여자들은 잡담/통화하기, 쇼핑, 목욕/사우나 등의 활동에 더 많이 참여했다.

이러한 결과는 남자와 여자의 여가 활동에서 뚜렷한 차이를 나타냈다. 남자들의 여가 활동은 주중에는 스트레스 해소를 위한 음주가 많으며, 휴일에는 게임이나 신문/잡지 보기 등 개인적인 활동이 중심이 된다. 여기에서 평일과 휴일의 여가 활동이 단절되어 있음을 알 수 있다. 반면, 여자들은 여가 활동이 개인적이기보다는 관계를 중심으로 이루어지는 것을 볼 수 있다.

〈결과 분석 및 정리〉

인터넷 서핑　계모임　사교모임　뚜렷하다　단절되다

03 정리해 봅시다

I. 어휘

01 빈칸에 알맞은 조사를 쓴 후 보기와 같이 문장을 만드십시오.

챙기다	일쑤이다	업체	알차다	주 5일 근무제	때우다	
절약되다	하긴	단축되다	거르다	활용하다	여가	시달리다

1) 그는 아침잠이 많아서 지각을 하기 (　　　　　)었다/았다/였다.
2) 돈이 없으면 몸으로라도 (　　　　　)어야지/아야지/여야지.
3) 그 시절에는 생활 형편이 어려워서 끼니를 (　　　　　)는/은/ㄴ 일이 많았다.
4) 혼자 사는데 밥은 잘 (　　　　　)어/아/여 먹고 다니는지 걱정이 된다.
5) 오토바이를 타고 통근을 하면 교통비도 (　　　　　)고 시간도 (　　　　　)으니/니 일석이조다.
6) 내가 거래하는 (　　　　　)의 사장님은 약속을 잘 지키는 편이다.
7) 방학을 (　　　　　)고 보람 있게 보낼 계획을 세워 봐.
8) 나의 (　　　　　)생활에서 빼놓을 수 없는 것이 영화 관람이다.
9) 버리려고 했던 플라스틱 상자를 (　　　　　)어서/아서/여서 서류함을 만들었다.
10) (　　　　　)이/가 시행된 이후 주말에 1박 2일로 여행가는 사람들이 늘었다.
11) 그렇게 어린데 유학을 보낸다고? (　　　　　) 영어가 중요하기는 하지.
12) 졸업 여행 내내 차멀미에 (　　　　　)어서 /아서/여서 체중이 2kg이나 빠졌어요.

02 빈칸에 알맞은 말을 골라 쓰십시오.

자연식	데워 먹다	동호회	월차 휴가	활기차다

주 5일제 근무로 주말마다 전시관이나 공연장은 사람들로 붐빈다. 그래서 평일에 가려고 (　　　　　)을/를 냈다. 아침으로 어제 끓인 국을 (　　　　　)고 미술관으로 향했다. 생각과 달리 미술관 안에 사람들이 꽤 있었다. (　　　　　) 회원들이 함께 그림을 보러 온 것 같았다. 전문가가 각각의 그림에 대해 상세하게 설명도 해 주었다.

그림을 보고 나오는데 (　　　　　) 전문점이 있었다. 거기에서 유기농 채소로 만든 신선한 샐러드를 먹었다. 하루를 이렇게 잘 쉬었으니 내일은 더욱 (　　　　　)게 시작할 수 있을 것 같다.

Ⅱ. 문법

01 다음의 문형을 이용하여 대화를 완성하십시오.

– 길래　　　–을뿐더러　　　–는커녕 오히려　　　–긴 –나 보다

1) 핸드폰을 사러 온 고객에게 판매원이 새 핸드폰의 여러 최신 기능에 대해 설명한다.

고객 :

판매원 :

2) 아내는 귀가가 늦은 남편에게 늦은 이유를 물어본다. 남편은 집으로 오는 길에 차에서 이상한 소리가 들려서 카센터에 가서 수리를 받고 오느라 늦었다고 변명을 한다.

아내 :

남편 :

3) 영수는 친구 승욱이가 과감하게 주식 투자를 해서 돈을 많이 벌었다는 소문을 듣고 물어본다. 친구 승욱이는 돈을 벌지도 못하고 투자한 돈보다 더 많은 손해를 보았다고 말한다.

영수 :

승욱 :

4) 친구 현식은 장사가 너무 잘 되어서 밥 먹을 시간조차 없다고 말한다. 친구 진호는 현식의 사업이 잘 되고 있다는 사실을 새삼 확인하게 된다.

현식 :

진호 :

02 다음의 문장에서 틀린 곳을 찾아 바르게 고치시오.

1) 누가 내 이름을 부르길래 친구가 뒤돌아보았다.
2) 내가 이렇게 바쁜 이유는 회사일뿐더러 집안일도 해야 하기 때문이에요.
3) 승진을 해서 좋기는커녕 기뻐서 날아갈 것 같아요.
4) 다들 시험 점수가 좋은 걸 보니 문제가 쉬웠긴 쉽나 봐요.

Ⅲ. 과제

다음 그래프를 보고 보기와 같이 정리하여 발표해 봅시다.

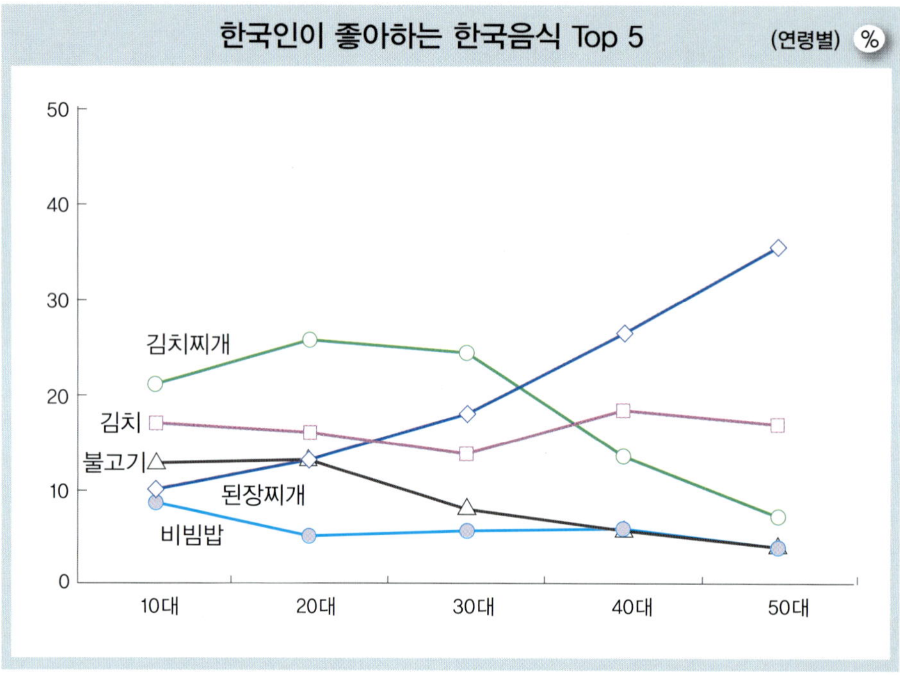

[보기]

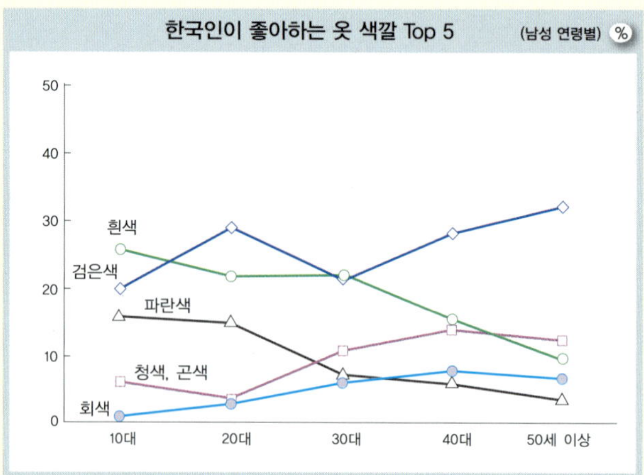

지금부터 한국인이 좋아하는 옷 색깔에 대해 발표를 하겠습니다. 이것은 2007년 12월 10일부터 17일까지 일주일 동안 연령대별로 10명씩 50명을 대상으로 신촌에서 인터뷰를 한 결과입니다.

이 인터뷰 결과 10대 남성의 27% 정도가 흰색을, 10대 여성의 22%가 핑크색을 좋아하는 것으로 나타났습니다. 그리고 20대 남성은 검은색을 제일 좋아하는 반면 20대 여성은 흰색을 좋아하는 것으로 조사되었습니다. 30대 남성이 좋아하는 색은 검은색과

근소한 차이로 흰색이 차지했습니다.

30대 여성은 20대와는 달리 검은색을 좋아하는 것으로 나타났습니다. 여성은 나이가 들수록 밝고 선명한 색을 좋아하여 50대를 넘어서면서 10대에 좋아했던 분홍색을 다시 선호하고 있었습니다. 그리고 남성의 무채색 계열에 대한 선호도는 변함이 없는 것으로 나타나 여성과는 대조적인 취향을 보이고 있습니다.

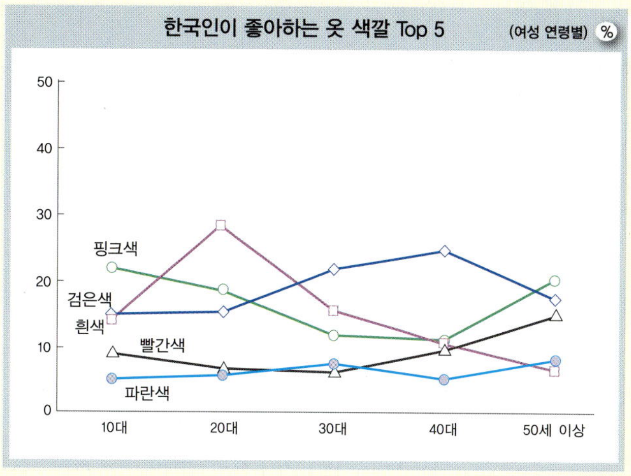

문화

옛날의 공휴일

옛날에도 일요일이 있었을까? 일요일제는 갑오개혁이 있던 1894년에 시작됐으며 그 이전에는 일요일이 없었다. 그렇다고 그 이전 사람들이 일 년 내내 하루도 쉬지 않고 일만 한 것은 아니다. 고려, 조선 시대에도 오늘날과 비슷하게 한 달에 다섯 번 정기 휴일이 있었다. 음력으로 매달 1일, 8일, 15일, 23일, 그리고 달을 가르는 절기가 드는 날, 이렇게 다섯 번의 휴일이 있었다.

달을 가르는 절기란 24절기 중 입춘(봄이 시작됨), 경칩(개구리가 깨어남), 청명(농사를 준비함), 입하(여름이 시작됨), 망종(곡식의 씨를 뿌림), 소서(더위가 시작됨), 입추(가을이 시작됨), 백로(이슬이 내림), 한로(찬 이슬이 내림), 입동(겨울이 시작됨), 대설(눈이 많이 내림), 소한(가장 추움)을 말한다. 이 절기는 태양력으로 계산되기 때문에 음력 공휴일과 이어져 연휴가 되기도 하고 음력 공휴일과 겹치기도 하여 관리들은 새해가 되면 왕립 천문 연구소인 관상감에 몰려가 그 해에 연휴가 며칠이나 되나 세어 보기도 했다고 한다. 중요한 명절은 오늘날과 같이 연휴가 있었는데 설날은 7일 연휴로 가장 길었으며 대보름, 단오, 연등회는 각각 3일 연휴였으나 추석은 오늘날과 달리 하루만 쉬었다.

특이한 것은 일식과 월식이 있으면 그 날은 부정을 탄다 하여 공무를 보지 않았다는 것이다. 일식, 월식 계산은 관상감에서 계산해서 미리 알려 주었다.

옛날에도 출퇴근 시간이 있었을까? 옛날 관리들은 오전 5시에서 7시 사이인 묘시까지 출근을 했으며 퇴근은 오후 5시에서 7시 사이인 유시에 했다. 요즈음 시각으로는 대략 오전 6시에 출근하여 오후 6시에 퇴근하는 것으로 하루에 열두 시간 정도 근무한 셈이다. 그러나 날이 짧은 겨울에는 그만큼 근무 시간도 단축되었다. 출근은 묘시에서 진시로 늦추어지고 퇴근은 유시에서 신시로 당겨져 겨울철의 근무 시간은 여덟 시간이었다.

1. 일요일제가 시작되기 전에 한국 사람들은 언제 쉬었습니까?

2. 여러분 나라에는 어떤 공휴일이 있습니까?

문법 설명

01 -길래

앞 내용은 뒤 내용의 원인이나 이유를 나타낸다. 말하는 이가 의도적으로 한 행동에 대하여 이유의 의미를 나타내기도 하는데 이때는 '-는 것을 보고'의 뜻이다. 말하는 사람이 다른 것의 사실 또는 다른 사람의 행동이나 상태를 보고 그것 때문에 뒤의 내용과 같은 행동을 하게 되었다는 의미를 나타낸다.

- 자명종 소리를 듣고도 안 일어나길래 흔들어 깨웠다.
- 아무리 설명해도 모르길래 외우라고 단어장을 만들어 주었어요.
- 아이가 울길래 달래 주었습니다.
- 뒤에서 누가 내 이름을 부르길래 뒤를 돌아보았다.

02 -긴 -나/은가/ㄴ가 보다

어떤 사실이나 상황으로 미루어 그런 것 같다고 추측하는 의미를 나타낸다. 이 때 말하는 사람의 추측을 나타내므로 '나'나 '우리'가 주어로 쓰이면 잘못된 문장이 된다. '-긴'을 사용하여 동사를 반복함으로써 의미가 강화되는 효과가 있다.

- 요새 전화 한 통 안하는 것을 보니까 바쁘긴 바쁜가 봐요.
- 며칠을 밤을 새워서 일해도 못 끝냈다니 일이 많긴 많은가 봐요.
- 한 달에 책을 스무 권이나 읽는다니 책을 좋아하긴 좋아하나 봐요.
- 별장까지 있는 걸 보니 부자이긴 부자인가 봐요.

03 -은커녕/-는커녕

앞의 것은 말할 필요도 없이 당연히 불가능하거나 어렵고 그것보다 더 실현 가능한 뒤의 경우조차 이루기 어려움을 나타낸다. 주로 부정적인 상황에 쓰이며 긍정적인 상황에는 쓸 수 없다.

- 아무리 술을 마셔도 스트레스가 풀리기는커녕 더 우울해지기만 한다.
- 새로운 학습법이라고 해서 시도해 봤는데 성적이 오르기는커녕 오히려 더 떨어졌다.
- 지름길로 갔는데 빨리 가기는커녕 정체가 심해서 오도 가도 못했다.
- 첫눈이 올 거라는 일기 예보에 잠도 안 자고 기다렸건만 눈은커녕 비도 안 온다.

04 -을/ㄹ뿐더러

어떤 사실, 상황에 더하여 다른 사실, 상황이 있음을 나타낸다. 보통 뒤의 상황이 더 심각하거나 정도가 더한 경우가 많다. '-을/ㄹ 뿐만 아니라'와 의미가 유사하나 '-뿐만 아니라'가 명사 뒤에 쓸 수 있는 것과 달리 '-뿐더러'는 명사 뒤에 쓸 수 없다.

- 어제 간 식당은 음식이 깔끔하고 맛있을뿐더러 가게 인테리어도 좋았다.
- 이 가방은 값이 저렴할뿐더러 유명 브랜드의 제품과 비교해서 품질도 손색이 없다.
- 그 사람은 성격이 까다로울뿐더러 이기적이다.
- 신제품이 나왔다고 해서 가 봤더니 별로 달라진 것도 없을뿐더러 값만 비싸져서 안 사기로 했어요.

제4과 과학과 기술

01

제목 | 인터넷과 인간
과제 | 인터넷 기사에 댓글 달기
대담 듣고 사이버 공간에 대해 설명하기
어휘 | 인터넷
문법 | –데요, –더라고요

02

제목 | 과학과 미래
과제 | 과학과 기술의 발달과 그 영향에 대한 기사 쓰기
첨단 과학 시대의 가치관에 대해 토론하기
어휘 | 과학, 의학
문법 | –되, –는 한

03

정리해 봅시다

문화
정보화 시대의 문자 – 한글

01 인터넷과 인간

학습 목표 ● 과제 인터넷 기사에 댓글 달기, 대담 듣고 사이버 공간에 대해 설명하기
● 문법 -데요, -더라고요 ● 어휘 인터넷

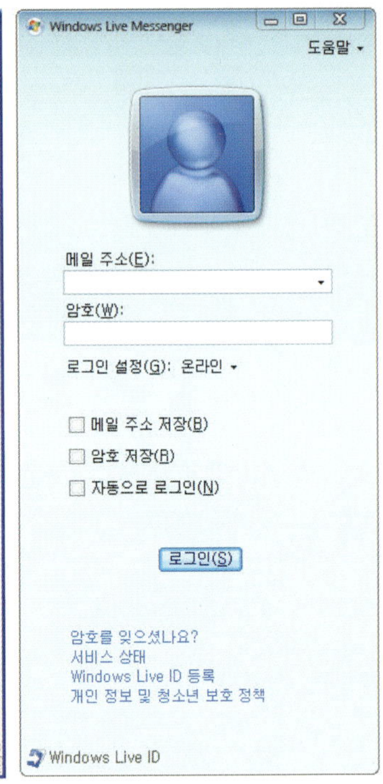

사이트에 로그인하거나 메신저를 할 때 어떤 아이디와 네임을 사용합니까?

〈10대들의 온라인 대화명 분석 결과〉

기호 남발형	‘Σ♣곰돌 ə㉦ə★』’ ‘내ㆍl름은 Ω 큐ⓔi큐ⓔ’
한자형	‘絕世佳人’ ‘親穆’ 쥬디마스터 光輝’
영어형	‘choco candy♡’ ‘ⓒⓤⓣⓔ막내,현이♧’
이모티콘 감정 표현형	‘[씹고싶은ㄷ几ㄷ]레몬乃’ ‘깜찍이 〉_〈 ♥’
이해 불능형	‘Σ ㄲ点ㅆ点Ø ㅕ♡’ ‘▶Pζ o 팸장’ 림뿌°’

위와 같은 대화명을 본 적이 있습니까? 여러분의 대화명은 어떻습니까?

대화

CD1:18~19

웨이　제임스 씨, 인터넷에서 쓰는 이름이 특이하면서도 친근하데요.
제임스　아, 지난 번 제 홈페이지에 들렀다가 보셨군요.
처음에 한국 친구들이 재미로 부르던 별명이었는데 어느새인지 친숙해지더라고요.
웨이　네, 아주 반가웠었어요. 저같이 007 영화를 즐겨보는 사람에게는.
근데 아주 잠시 '진짜 한국인 본드'는 어느 나라 사람일까 생각했어요.
제임스　아니, 그런 생각을 하시다니요? 그냥 가볍게 한국 친구들과 인터넷으로 만날 때 쓰는 이름인걸요.
웨이　그러셨군요. 저도 회사 메일 아이디, 개인 메일 아이디, 친구들 사이트용 아이디 등 아이디만 해도 서너 개가 있지만, 대충 숫자랑 문자를 조합해서 만들었어요.
제임스　맞아요, 저도 보통은 그런데, 제 홈피에서만은 좀 특별한 이름을 쓰고 싶었답니다.

01 제임스의 인터넷 아이디는 웨이에게 어떻게 느껴집니까?

❶ 평범하다　❷ 반갑다
❸ 낯설다　❹ 세련되다

02 제임스의 홈페이지에서 쓰는 이름은 무엇입니까? 어떻게 해서 그런 이름을 갖게 되었습니까?

03 위 대화를 보기와 같이 이어서 이야기해 봅시다.

[보기] 웨　이 : 그러셨군요. 근데 친구들은 그 이름 보고 뭐라고들 안 하던가요?
제임스 : 네, 한국 사람들이고 007 영화도 즐기는 친구들이라서 그런지 아주 재미있어하던데요.

특이하다　친근하다　조합하다　홈피

어휘 인터넷

01 다음 표현을 익히고 빈칸에 알맞은 말을 골라 쓰십시오.

인터넷을 사용하다 인터넷에 접속하다	이메일 아이디 사이트 아이디	홈페이지를 만들다/꾸미다/방문하다 블로그를 만들다/꾸미다/방문하다
인터넷이 연결되다 끊어지다 접속이 원활하다 제한되다	홈페이지용 아이디 블로그용 아이디 대화명, 닉네임	글을 남기다/달다/올리다 글(그림, 사진)을 퍼가다

1) 기술의 발달로 무선 인터넷을 ( )는/은/ㄴ 인구가 늘고 있지만 아직도 인터넷에 ( )기가 쉽지 않은 경우가 있다. 특히 접속이 ( )지 않은 경우에 인터넷이 겨우 ( )어도/아도/여도 화면이 뜨는 속도가 느리거나 금방 ( )곤 한다.

2) 10대들의 온라인 ( )을/를 분석한 커뮤니티 사이트 운영팀에 따르면 10대들의 ( )은/는 성인 세대와 확연히 다른 양상을 보인다고 한다.

3) 사이버 공간에 나만의 공간인 ( )이나/나 ( )을/를 만드는 건 어렵지 않은데 지속적으로 글을 올리고 꾸미며 관리하는 일은 쉽지 않다.

02 친구와 이야기해 봅시다.

1) 인터넷을 자주 사용합니까?
사용하는 인터넷은 접속이 잘 됩니까?

2) 여러분은 어떤 아이디가 있습니까?

3) 다른 사람의 홈페이지나 블로그를 방문한 적이 있습니까? 어땠습니까?

문법

01 다음 글을 읽고 문법 및 표현을 익혀 봅시다.

얼마 전까지만 해도 메일이나 겨우 하던 나는 블로그나 홈피 운영에는 아예 관심이 없었지요. 그런데 어느 날 친구 집에 갔다가 친구가 켜 놓은 컴퓨터 모니터에서 친구가 만든 블로그의 사진과 글을 우연히 보게 되었답니다. 정말 신기하고, 음악까지 나오는 것이 **멋있데요.** 어느새인지 마우스를 클릭하며 친구가 쓴 지난 글까지도 제가 **뒤지고 있더라고요.** 친구의 솜씨! 정말 멋졌고 게다가 제가 모르던 친구의 여러 가지 모습이 속속들이 드러나더군요. 바로 그날 저도 이런 블로그를 운영해 보겠다 결심을 했답니다. 그리고 3개월이 지난 지금 저는 날마다 일정 시간 인터넷에 접속하여 다채로운 세계를 마음껏 즐기고 있답니다.

-데요

1) 다음 중 알맞은 표현을 골라 빈 곳에 쓰십시오.

[보기] 볼 만한 사진이 많다 / 감동적이다 / 정말 웃기다 / 오랫동안 잊을 수가 없다 / 나무가 많고 쉴 곳이 많아서 아주 쾌적하다

가: 어제 방문한 블로그는 어떠셨어요?
나: 볼 만한 사진이 엄청 **많데요.**

가: 이번에 대학에 수석 합격한 소녀 가장이 자신의 홈페이지에 남긴 글 보셨어요?
나: 네, 정말 ______________.

가: 첫사랑이라서 더욱 오래 잊지 못했구나.
나: 응, 그 해맑게 웃던 모습을 정말 ______________.

가: 그 친구가 올린 동영상이 재미있던가요?
나: 네, ______________

가: 이번에 새로 생긴 공원이 어때?
나: ______________.

-더라고요

2) 빈 곳에 알맞게 쓰십시오.

가 요새 젊은 친구들은 정말 인터넷을 많이 사용하는 거 같지요?

나 네, 대부분 시간만 나면 컴퓨터를 켜고 인터넷에 **접속하더라고요.**
어제는 지하철에서 인터넷을 하는 친구를 봤어요.

가 그렇죠. 그런 친구들은 인터넷이 없으면 뭘 하고 사나 싶을 정도예요. 그래서인지 어쩌다 인터넷이 끊어지면 ....

나 네, 인터넷이 안 되니까 공황 상태에 빠지는 것 같다고 하던데요. 모르는 게 있어도 백과 사전이 아니라 인터넷을 ....

가 정말 그래요. 요즘에는 인터넷 검색하는 게 생활이라니까요.

나 맞아요. 저도 어제 회사에서 젊은 친구에게 길을 물었더니 인터넷을 검색해 ....

가 참 편하기는 한데 이러다가 우리 기억력은 점점 떨어지는 거 아닐까요?
요즘은 젊다고 다 기억력이 좋은 게 아니던데요. 다들 건망증이 ....

나 네, 정말 제 주위 젊은 친구들도 다 깜빡깜빡 잊곤 하는데 혹시 너무 생활이 바빠서 그런 건 아닐까요?

02 다음 질문에 '-데요', '-더라고요'를 사용해 답하고 이야기해 봅시다.

1) 인터넷 게임(잡지, 쇼핑)을 처음 접했을 때 어땠어요?
이제는 익숙해져서 인터넷게임(잡지, 쇼핑)을 다양하게 즐기세요? 언제부터 어떻게 그렇게 되셨어요?

2) 사랑, 결혼, 이별, 독립 등 중요한 변화가 있을 때 어땠어요?
시간이 지나면서 어떻게 달라졌어요?

과제 1 읽고 댓글 달기

다음을 읽고 질문에 답하십시오.

서이종 서울대 사회학과 교수는 15일 한국 사회학회가 개최한 2006년 전기 사회학 대회에서 '공론의 장으로서 인터넷 게시판, 무엇이 문제인가'라는 주제로 발표했다.

서 교수가 살펴본 인터넷 게시판은 '언제, 어디서나, 누구나' 참여할 수 있는 공간이 아니었다. 온라인 문화의 특징으로 알려진 '개방과 평등'의 미덕은 찾기 힘들었다. 오히려 소수의 참여자들이 여론을 주도하고 있었다.

서 교수는 이처럼 소수의 참여자들이 여론을 주도하는 것을 막으려면 게시판에서 다루어지는 주제가 다양해야 한다고 주장했다. 하나의 게시판에서 한 주제에 대해 다양한 쟁점이 뒤엉켜 제기되면 다수의 소극적인 네티즌들은 참여를 꺼리게 된다는 것이다.

그리고 서 교수는 인터넷 게시판의 논의를 이끌어가는 소수의 적극적인 참여자들을 여러 유형으로 나눠 설명했다. 자신은 댓글을 쓰지 않지만 많은 댓글을 받는 카리스마 형, 반대로 댓글을 거의 받지 않으면서 다른 이들의 글에 열심히 댓글을 다는 하이에나 형, 댓글을 적극적으로 주고받으며 여론을 이끄는 논의 주도형 등이 그것이다.

참여 정도		댓글을 받는 경우	
		낮다	높다
댓글을 쓴 정도	낮다	고립자 형	카리스마 형
	높다	하이에나 형	논의주도 형

01 위 글은 무엇에 대한 글입니까?

❶ 인터넷 게시판의 유용성 ❷ 인터넷 여론의 독자성
❸ 온라인 문화의 폭력성 ❹ 네티즌의 게시판 참여 양상

02 위 글에서 문제 삼고 있는 점은 무엇입니까?

❶ 온라인 댓글의 저질성 ❷ 게시판 여론의 비민주성
❸ 네티즌의 공격성 ❹ 게시판 의견의 비도덕성

03 다음은 윗글에서 얘기하는 유형 가운데 어느 유형일까요?

1) 종종 게시판에 글을 올리는데 보통 순식간에 댓글이 10개 이상 뜨곤 해요. (   )
2) 저는 게시판을 옮겨 다니며 댓글을 다는 재미로 살아요. (   )
3) 댓글을 달 시간이 어디 있어요. 본문도 다 읽을 시간이 없는데요. (   )
4) 댓글을 통해서 의견을 주고받는 걸 즐겨요. (   )

공론 개방 미덕 여론 주도하다 주장하다 쟁점 뒤엉키다 제기되다 꺼리다

04 여러분은 어떤 유형입니까? 왜 그렇습니까?

05 최근 문제가 되고 있는 쟁점에 대해 보기와 같은 댓글을 찾아서 발표해 봅시다. 또는 직접 댓글을 달고 발표해 봅시다.

뉴스홈 | 포토 | TV | 날씨 | 스포츠

속보 | 정치 | 경제 | 사회 | 생활/문화 | 세계 | IT/과학 | 연예 | 칼럼 | 영문 | 매거진 | 전문지

사회
SOCIETY

전체기사
사건사고
교육
노동/취업
환경
언론
식품/의료
인권/복지
여성
지역
인물
사회 일반
사회 핫이슈

뉴스 홈 > 사회 >

"신호 위반 응급차와 충돌…응급차 100% 책임"
응급차 운전자도 교차로서 안전 운전해야

지난 22일 앰뷸런스 차량이 신호를 위반하고 중앙선을 침범하다 정상 운행하는 차량과 충돌했다면 앰뷸런스 차량에 전적으로 책임이 있다는 법원의 판단이 나왔다.

인쇄하기 | 메일보내기 | 스크랩하기 | 블로그/카페 담기 | ? 질문하기

네티즌 의견

전체 18 | 트랙백 0 | 기자의견 0 | 조회 | 공감 | 작성일

		조회	공감	작성일
제 생각엔 8:2가 적절한 판결인 듯~	ryudf7237	17	0	11.23. 12:01
구급차의 사이렌 소리가 너무 작아요.	kma63929	7	0	11.23. 11:41
당연한 결과라고 봄	mjmj531	3	0	11.23. 10:33
그 차량에 응급환자가 있었나요?[1]	oakhs113	7	0	11.23. 09:51
응급차 오면 멈추거나 피해야...[5]	jsy11me	162	1	11.23. 08:19

미국의 경우 응급차나 경찰차가 오면 서행하거나 옆으로 피해서 멈춰야 합니다. 또 다들 그렇게 하고 있고요. 우리나라는 사이렌이 울리건 말건 자기 갈 길 가기 바쁘지만요. 우리나라 교통 문화와 의식도 문제지만 그런 의식을 그대로 안고 있는 우리나라 법 인식을 보여주는 것 같아 씁쓸하네요. 분초가 시급한 이런 공무 차량이 신호 다 신경 써가며 가야 한다니.

양보 운전 합시다.	syh0145	38	0	11.23. 04:07

과제 2 듣고 말하기 [CD1:20]

다음은 교수와 학생이 나눈 대담의 일부입니다. 듣고 질문에 답하십시오.

01 두 사람은 무엇에 대해 이야기를 하고 있습니까?

① 사이버 공간의 공격성
② 사이버 공간과 캐릭터의 종류
③ 사이버 공간과 자아 정체성
④ 사이버 공간의 중요성

02 두 사람은 지금 어디에서 무엇을 하고 나서 대담을 합니까?

03 교수가 우려하는 것은 무엇입니까?

① 요즘 사이버 공간의 임의적이고 우발적으로 조작된 자아 때문에 정신 질환이 증가하는 것 같다.
② 사이버 공간의 삶에 익숙해져서 현실에 만족하지 못하고 자살하는 사람이 늘고 있다.
③ 인터넷 게임 인구가 증가하면서 인간의 공격적인 본성의 노출이 일상화되고 있다.
④ 사이버 공간에서의 다양한 역할 변화의 영향으로 무책임하게 생활하는 사람이 늘 것 같다.

04 '사이버 공간의 다중적 자아와 자기 정체성'에 대해 학생은 어떻게 생각합니까?

① 정체성이 붕괴된다.
② 자기 동일성 유지가 가능하다.
③ 다양한 역할에 빠진다.
④ 아무 혼란 없이 수용이 가능하다.

05 인터넷 게임이나 카페 등 사이버 공간에서 다른 모습(역할)을 가진 적이 있습니까?
왜 그런 모습을 갖게 되었습니까?
그런 경험이 없다면 '사이버 패밀리', '세컨드 라이프' 등 사이버 공간의 가족 형성 및 생활에 대해서 이야기해 봅시다.

시시각각 진화사키다 생사 전사 사뭇 뿌리박다 임의적 우발적 팔아치우다 다중적 연속성 동일성

02 과학과 미래

학습 목표 ● 과제 과학과 기술의 발달과 그 영향에 대한 기사 쓰기, 첨단 과학 시대의 가치관에 대해 토론하기
● 문법 -되, -는한 ● 어휘 과학, 의학

인간 복제가 가능하다면 여러분은 누구를 복제하고 싶습니까?

1위 인쇄술

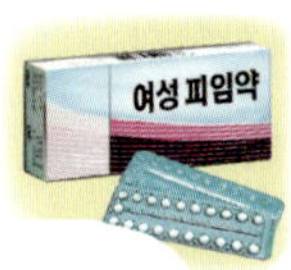

2위 피임약

전구

종이

비행기

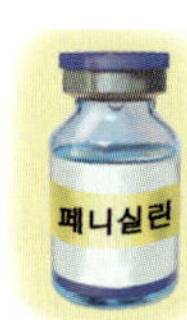

페니실린

위 그림은 노벨상 수상자와 여러 분야의 대가들 100여 명이 지난 2,000년의 역사에서 가장 중요한 발명이라고 대답한 결과입니다. 이런 발명이 인류에게 끼친 영향에 대해서 이야기해 봅시다.

대화

CD1:21~22

제임스 요즘은 과학의 발달로 예전에는 상상조차 못했던 일들이 가능해지고 있어요.

웨이 그렇지요? 앞으로는 생명 과학의 발달로 원하는 유전 인자만을 선택해 맞춤형 아이를 낳고 인간의 복제도 가능해지는 세상이 올 거라고들 해요.

제임스 양이나 소는 이미 오래 전에 복제에 성공한 사례가 있지요? 복제 기술이 좀 더 발전하게 된다면 인류는 어떻게 될까요?

웨이 복제 기술을 이용한 장기 이식이 가능해져 불치병도 쉽게 고치고 수명도 길어지겠지요? 살기 좋은 세상이 될 거예요.

제임스 그렇지만 그런 일은 자연의 이치에 어긋나는 일이 아닐까요? 과학과 기술의 발달이 인간에게 가져다주는 혜택은 누리되 그 부작용도 생각해야 한다고 봅니다. 옳고 그름을 따질 수 있는 정확한 기준을 마련하지 않는 한 크나큰 문제를 일으킬 수도 있을 테니까요.

웨이 그렇게 부정적으로만 생각할 필요는 없다고 봅니다. 저는 과학과 기술의 발달이 인간의 생활에 미치는 긍정적인 영향이 훨씬 더 크다고 보는데요.

01 제임스와 웨이는 무엇에 대해 이야기하고 있습니까?

❶ 맞춤형 아이 ❷ 인간의 수명
❸ 과학의 발달 ❹ 인간의 노화

02 제임스와 웨이의 생각은 어떻게 다른지 이야기해 봅시다.

03 위 대화를 보기와 같이 이어서 이야기해 봅시다.

[보기] 제임스 : 저도 웨이 씨 생각에 어느 정도 동의합니다. 그렇지만 인간 복제를 예로 들어 생각해 봅시다. 복제된 인간을 장기 이식의 수단으로만 여긴다든지, 노예처럼 부린다든지 하는 문제도 생길 수 있는 것 아닐까요?

웨 이 : 물론 충분히 일어날 수 있는 문제지요. 그렇지만 저는 그 단계에 이르기 전에 우리가 현명하게 대처할 수 있을 거라고 봅니다.

생명 과학 유전 인자 복제 사례 장기 이식 불치병 이치 혜택 부작용

어휘 과학, 의학

01 다음 표현을 익히고 빈칸에 알맞은 말을 골라 쓰십시오.

유전 공학	장기 이식
염색체	수명 연장
유전자	동물 실험
조작	신약 개발
복제	부작용

1) 인간은 모두 23쌍 46개의 염색체를 갖고 있다. 염색체 속에 존재하는 (   )에 의해 어버이에게서 자손에게로 어떤 형질이 유전된다. 문제가 있는 유전자를 (   ) 하여 질병을 고칠 수도 있다. 이렇게 (   )은/는 유전학적 방법으로 인류의 복지를 증진시킨다.

2) 세상에 태어나 늙고 병들어 죽는 것, 즉 생로병사가 인간의 운명이다. 유전 공학의 발달로 인간은 동물 (   )에 성공하였고 이를 인간에게 적용시키는 것은 기술적으로는 별 어려움이 없으나 윤리적인 문제가 남아 있다. 복제 기술을 이용하여 장기를 인공적으로 생산해 낼 수 있고 (   )도 가능하다. 더 오래 살고자 하는 (   )의 욕구, 나아가 영원히 살고자 하는 인간의 꿈이 실현될지도 모른다.

3) 질병 치료를 위해 많은 제약 회사가 (   )에 시간과 노력을 기울이고 있다. 신약 개발에서 중요한 것은 (   )을/를 최소화시키는 것이다. 인간을 대상으로 직접 실험을 할 수 없으므로 대부분의 경우 (   )을/를 한다.

02 위 어휘를 사용해 다음 중 하나를 골라 이야기해 봅시다.

1) 맞춤형 아이가 가능하다면 여러분의 2세가 어떻게 태어났으면 좋겠습니까?

2) 인간 복제가 허용된다면 어떤 일들이 일어날까요?

문법

01 다음 글을 읽고 문법 및 표현을 익혀 봅시다.

1953년 유전자 구조(DNA의 이중 나선 구조)가 발견된 이후 생명 공학은 비약적으로 발전해 오고 있다. 물론 과학과 기술의 발달에는 어느 정도의 부작용도 따른다. 이러한 부정적인 면을 **고려하되** 이로 인해 과학 연구가 위축되어서는 안 된다고 생각한다. 왜냐하면 과학과 기술이 우리 인간에게 가져다줄 수 있는 혜택이 무궁무진하기 때문이다. 우리가 인간으로서 존엄성과 윤리적 가치관을 **유지하는 한** 과학과 기술의 발달은 우리 인간에게 행복하고 풍요로운 삶을 가져다 줄 것이다.

-되

1) 다음과 같은 대상에게 보기와 같이 이야기해 봅시다.

컴퓨터 게임에 빠진 자녀	컴퓨터 게임을 하다	시간을 정해서 그 시간 동안만 해라.
약에만 의존하려는 환자	약을 복용하다	식이 요법과 운동도 병행하십시오.
자기 자신을 복제하려는 천재 과학자		
나도 필요한 책을 빌리러 온 친구		이번 주 안으로 꼭 돌려줘야 된다.
성형 수술을 하려고 하는 친구		

[보기] 컴퓨터 게임을 하되 시간을 정해서 그 시간 동안만 해라.

-는 한

2) 다음 중 알맞은 표현을 골라 빈 곳을 채우고 보기와 같이 이야기해 봅시다.

양측이 대화를 하려고 노력하지 않다　　과학은 끊임없이 발전하다
경제 발전에 맞춰 정치도 발전하지 않다　　외국어 실력과 정보화 마인드를 갖추지 않다
컴퓨터와 인터넷의 발달은 인간에게 해로울 수도 있다

- 자신을 통제할 수 있는 의지력을 갖고 있지 않는 한 ……………………
- 미지의 세계에 대한 인간의 호기심이 그치지 않는 한 ……………………
- …………………… 노사 문제를 해결할 수 있는 방법이 없습니다.
- …………………… 현대 사회의 경쟁에서 살아남을 수 없습니다.
- …………………… 선진국으로 발돋움하기 어렵습니다.

[보기] 자신을 통제할 수 있는 의지력을 갖고 있지 않는 한 컴퓨터와 인터넷의 발달은 인간에게 해로울 수도 있다.

02 다음을 보고 '-되', '-는 한'을 사용해 보기와 같이 이야기해 봅시다.

'가'	'나'의 생각 ('가'의 말을 어느 정도는 인정함)
"저는 무모한 도전은 하고 싶지 않아요."	실패를 두려워하면 발전을 못한다.
"수술 후 일주일이 지났으니 일을 시작해도 되겠지요?"	건강을 지키지 못하면 아무 일도 할 수 없다.
"신제품을 개발할 때 무엇보다도 디자인을 중요하게 생각해야 합니다."	제품의 질이 앞서지 않으면 경쟁력이 없다.
"유전 공학의 발전을 위해 인간 배아를 실험할 수 있어야 합니다."	인간이 자신의 행동을 통제할 윤리관을 갖추지 않으면 과학은 재앙을 가져올 수 있다.

[보기] 가 : 무모한 도전은 하고 싶지 않아요.
나 : 무모한 도전은 피하되 도전 정신을 잃지는 마십시오. 실패를 두려워하는 한 큰 발전을 못합니다.

과제 1 듣고 기사 쓰기 [CD1:23]

다음 뉴스를 듣고 질문에 답하십시오.

01 뉴스에서 말하는 보고서는 어떤 보고서입니까?

02 들은 내용에 따라 다음 표를 완성하십시오.

연도	개발되는 기술	가능해지는 것
2012년	• 신체 상황 인식 기술	• 가족의 건강 상태 감지해 집안의 ________ • 응급 환자의 신분을 홍채로 인식해 병원 기록 확인
	• 가상 현실 시스템 기술	• 실제와 동일한 과학 실험 • ________ 을/를 가상 공간에서 복원하여 관람
2014년	• 입체 영상 기술	• 외출 전에 ________
2015년	• 후각 전달 기술 • ________	• 인터넷을 통해 ________ • 시력, 청력을 향상시키고 색깔이 변하는 군복 착용
2018년	• 의료용 마이크로 로봇 기술	• 마이크로 로봇이 ________

03 IT 융합 기술력이 부족한 분야는 어느 곳입니까?

04 여러분은 어떤 기술이나 제품이 개발되기를 바랍니까? 자유롭게 이야기해 보고 다음 표를 작성해 봅시다.

기술/제품	
가능 연도	
기능	
효과	
주의할 점	

감지하다 홍채 인식하다 소실되다 복원하다 입체 융합

05 4의 내용에 따라 기자의 입장이 되어 보기와 같이 기사를 써서 발표해 봅시다.

[보기]

하늘 나는 차 2년 내 나온다
수직 이착륙... 3700m 상승, 시속 250km로 2시간 비행

'하늘을 나는 자동차'의 실용화가 멀지 않았다고 로이터 통신이 1일 보도했다. 로이터는 이스라엘의 한 회사가 하늘을 날아다니며 수색, 침투, 구난 등 각종 특수 임무를 수행할 수 있는 비행 자동차를 개발 중이라고 전했다.

이 자동차는 강력한 팬을 설치, 활주로 없이 수직 이착륙이 가능하다. 현재는 지상 90㎝까지 날아오르는 수준이지만 앞으로 최고 3700m까지 상승하고 시속 250㎞로 두 시간 정도 비행할 수 있도록 성능을 향상시키는 것이 개발팀의 목표다. 이 회사 대표는 "앞으로 2년 내에 시제품을 완성하고 그로부터 5년 안에 상용화할 계획"이라고 말했다. 비행 자동차는 헬기가 접근하기 힘든 곳에 주로 투입될 것으로 보인다.

김영수 기자

실용화 수색 침투 구난 활주로 성능 향상시키다 시제품 상용화 투입되다

과제 2 읽고 토론하기

다음을 읽고 질문에 답하십시오.

2050년쯤이면 몸은 죽어도 정신은 영생? 英박사 "사람의 두뇌 다운로드해 저장"

오는 2050년이면 사람의 몸은 죽어도 정신은 죽지 않는 '불멸의 시대'가 도래할 것이라고 영국 최대 통신 그룹 브리티시 텔레콤(BT)의 미래학 팀장인 이언 피어슨(44) 박사가 예측했다.

22일 영국 가디언지의 일요판 옵서버는 "45년 안에 사람의 '두뇌'를 기계에 다운로드할 수 있게 된다"고 주장한 피어슨 박사의 예측을 보도했다. 그의 주장에 따르면, 사람이 죽더라도 두뇌 속 정보와 정서는 수퍼컴퓨터에 저장돼 영원히 살아남게 된다.

피어슨 박사는 "부자라면 2050년쯤 수혜자가 될 수 있고, 가난한 사람이라면 이 기술이 널리 보편화될 2075년이나 2080년까지 기다리면 된다"고 내다봤다. 그는 "우리 연구팀은 매우 진지하게 이 예측을 내놓는 것"이라며 "45년은 이 정도의 발전을 이뤄내기에 충분한 시간"이라고 말했다. 그는 이러한 발전 속도의 예로 한 게임기를 들었다. "일본 소니사가 지난주 내놓은 '플레이 스테이션 3'은 인간 두뇌의 1%에 해당하는 능력을 갖고 있다"며 "플레이 스테이션 5가 나올 때쯤엔 인간 두뇌와 거의 맞먹는 능력을 갖추고 있을 것"이라고 말했다.

'감정'을 느끼는 컴퓨터는 15년 안에 나온다. 비행기 조종을 맡은 컴퓨터에 '두려움'을 입력시키면, 이 컴퓨터는 추락하기 무서워서 안전 운행을 위해 사력을 다하게 된다.

피어슨 박사는 "과연 인류가 인간의 지능을 가진 기계를 만들어야 하는지에 대해선 아직 회의적"이라며 "급속한 기술 발전에 대해서 전 지구적 차원의 토론이 필요하다"고 말했다.

김영수 기자

영생 불멸 도래하다 수혜자 보편화되다 내다보다 맞먹다 사력을 다하다 회의적

01 이 기사에서 말하는 '불멸의 시대'란 어떤 시대를 말합니까?

02 이러한 방법으로 영원히 사는 것이 가능하다면 여러분은 어떤 선택을 하겠습니까?

03 인간의 두뇌뿐만 아니라 감정까지도 느낄 수 있는 로봇이 등장한다면 인간의 삶에 어떤 변화가 일어날까요? 여러분은 이러한 로봇이 필요하다고 생각합니까? 왜 그렇게 생각합니까? 다음 빈칸을 간단히 채우고 자유롭게 이야기 해 봅시다.

긍정적인 효과	부정적인 측면
•	•
•	•
•	•
•	•
•	•

04 과학과 기술의 발달로 인간의 삶은 더 행복해진다고 생각합니까? 그렇다면(혹은 그렇지 않다면) 그 이유는 무엇입니까? 첨단 과학 시대에 인간이 지녀야 하는 태도와 가치관에 대해서 토론해 봅시다.

03 정리해 봅시다

I. 어휘

01 다음을 연결하고 보기와 같이 쓰십시오.

1) 미성년자 •	• 특이하다/친근하다
2) 인기 있는 사이트 •	• 방문하다/꾸미다
3) 깊은 산간 지역 •	• 접속이 원활하지 못하다
4) 대화명/아이디 •	• 접속이 제한되다
5) 비밀번호/패스워드 •	• 퍼가다/남기다
6) 홈피/블로그 •	• 대충 조합하다 (영문이나 숫자를)
7) 글 •	• 인터넷이 연결되기 어렵다

[보기]

1) 미성년자에게는 접속이 제한되는 사이트가 있습니다.
2) ....
3) ....
4) ....
5) ....
6) ....
7) ....

02 에 알맞은 말을 골라 쓰십시오.

장기 이식　유전자　동물 실험　사례　복제　불치병　부작용　혜택

유전 공학의 발달을 보여주는 (　　　　)은/는 많다. 얼마 전 외국의 한 대학에서 (　　　　)을/를 조작하여 고양이를 보고도 무서워하지 않는 쥐를 만들어 냈다.

영국에서 최초로 돌리라는 (　　　　)양을 탄생시킨 이후 발전해 온 복제 기술은 인간이 영원히 살 수 있는 길을 열어 줄지도 모른다. 복제 기술을 이용해 장기를 대량 생산함으로써 (　　　　)이/가 가능해지면 다양한 (　　　　)이/가 치료될 수 있을 것이기 때문이다.

이 때 많이 이용되는 동물은 인간의 장기와 크기가 가장 비슷한 돼지라고 한다.

어찌 보면 유전 공학의 발달에 가장 큰 공헌을 하는 것은 (   )에 사용되는 각종 동물들이다. 새로운 기술을 실험해 보고 그 (   )을/를 최소화시키며 비용 절감을 위해 또 다른 생명인 동물을 이용하는 것은 과연 자연의 이치에 맞는 일인지··· 인간이 생명 공학의 (   )을/를 누리기 위해 다른 생명체의 생존권을 빼앗는 일은 과연 옳은 일인지··· 생각해 볼 문제이다.

II. 문법

알맞은 문법을 골라 상황에 맞게 대화를 완성해 보십시오.

-되	-데요	-는 한	-더라고요

상황 1

영수는 옆 집 아이를 보고 참 버릇이 없다고 느꼈으며 그 엄마 또한 예의가 없다고 생각한다. 미선은 자식을 사랑하고 기를 살리는 것은 좋지만 버릇없이 키우면 안 되며, 또한 부모가 먼저 모범을 보이지 않으면 아이를 제대로 교육시키기가 어렵다고 생각한다.

미선 옆집에 새로 이사 온 가족 봤어요? 아이도 하나 있던데요.

영수 네, 그런데 ....

미선 요즘 많은 아이들이 그렇지요. 자식을 너무 귀하게 키워서 그런가 봐요.

.... 버릇없이 키우면 안 되지요.

영수 그 아이만 그런 게 아니라 ....

미선 저런, 윗물이 맑아야 아랫물이 맑다는 옛말이 틀리지 않네요.

.... 아이 교육 잘 시키기가 어렵지요.

상황 2

영수는 인터넷 중독 현상이 심각하다는 것과 파일을 불법적으로 다운 받는 경우도 많다는 것을 알게 되었다. 미선은 문명의 이기를 이용하고 즐기는 것은 좋지만 심하게 빠지면 안 되며 불법 다운로드의 경우에 엄격하게 다스리지 않으면 뿌리 뽑기 어려울 것이라고 본다.

미선 인터넷이 대중화되면서 그에 따른 부작용이나 범죄가 증가하고 있지요?

영수 네, 얼마 전에 우리나라 청소년들을 대상으로 실시한 설문조사를 보니 ____________________

미선 맞아요. 얼마 전에 한 젊은이가 PC방에서 수십 시간 동안 쉬지 않고 온라인 게임을 하다가 사망한 사고도 있었잖아요?
____________________ 정신적으로나 신체적으로 문제가 생길 정도로 빠지면 안 되는데요.

영수 조사 결과를 보면 인터넷에서 ____________________

미선 그것도 큰 문제지요. 어렵게 만든 저작물이 권리를 보호받지 못하고 있으니 말입니다. 관련법을 제정하여 ____________________ 그런 현상을 뿌리 뽑기 어려울 거예요.

Ⅲ. 과제

찬반 토론을 합시다.

동물 실험에 대한 다음 글을 읽으십시오. 여러분은 동물 실험에 대해서 어떻게 생각하십니까? 각자의 입장에 따라 찬반을 나누고 사회자를 정하여 토론해 봅시다.

국내에서 인간의 복리 증진을 위해 실험 연구용으로 사라지는 동물은 연간 500만 마리이며 동물 실험실을 운영 중인 곳은 590여 곳. 필요악이라고는 하지만 동물의 목숨을 놓고 실험을 하는 연구원들이 느끼는 고통은 여간 큰 게 아니다. 그래서 동물 실험을 많이 하는 식품 의약품 안전청, 서울대 병원 등은 해마다 위령제를 지낸다.

문화

정보화 시대의 문자－한글

〈세종실록〉 1443년 12월 30일, "임금이 친히 28자를 만들었으며 초성, 중성, 종성이 모여서 하나의 글자를 이루니 모든 언어의 소리들을 표현함이 무궁하다"고 기록되어 있듯이 한글은 표음 문자로서 음소 세 개가 모여 음절 단위로 하나의 글자를 이루면서 수많은 소리들을 표현할 수 있는 과학적인 글자다.

1940년 경상북도 안동의 고가에서 발견된 〈훈민정음 해례본〉에는 훈민정음(한글의 옛 이름)의 자모가 만들어진 구체적인 원리와 자모들의 소리를 표현하는 방법, 자모들이 모여 음절 단위로 글자를 이루는 방법과 원리, 훈민정음의 용례 등이 상세히 적혀 있다. 이 책자는 현재 사용하고 있는 문자의 창제 과정과 원리에 대해 상세히 서술하고 있는, 세계에서 유일한 문헌으로서 전 인류 문화사적으로 귀중한 유산임이 인정되어 1997년 10월에 〈조선왕조실록〉과 함께 유네스코 세계 기록 유산으로 지정되었다.

"슬기로운 사람은 아침을 마치기도 전에 깨우칠 것이요, 어리석은 이라도 열흘이면 배울 수 있느니라." 〈훈민정음 해례본〉 서문에 나와 있는 이 말대로 한글은 배우기 쉬운 문자이다. 자음 14개와 모음 10개, 단 24개의 자모로 8800개 정도의 소리를 표현할 수 있는 경제적인 문자이기 때문이다. 또 한글은 한 가지 문자가 한 가지 발음으로만 소리 나며 인쇄체와 필기체, 대문자와 소문자의 구분도 없다. 이렇게 쉬운 문자 덕택에 한국의 문맹률은 0%에 가깝고 독서 장애가 드물다.

정보화 시대의 생명인 '속도' 역시 한글이 가진 장점이다. 비슷한 양을 컴퓨터에 입력하는 데 한글은 한자, 일본어보다 7배 빠르다는 통계가 있다. 한글로 문자 메시지를 보내고 있는 이른바 '엄지족'들의 손놀림은 신기에 가깝다. 한글은 본격화될 '음성 인식' 시대에도 유리한데 이는 글자와 소리가 일대일 대응하는 특성 덕분에 음성 인식률이 다른 문자보다 뛰어나기 때문이다.

한글이 편리하고 과학적이며 우수한 문자임은 외국에서도 인정받고 있는 사실이다. 한글은 영국 옥스퍼드 대학교 언어대학의 세계 언어 평가 결과에서 세계 1위를 차지했으며 영국 서섹스 대학의 샘슨 교수는 〈문자체계〉라는 저서에서 한글이 발성 기관의 소리 내는 모습을 따라 만들어진 문자라는 점을 강조하면서 '인류의 가장 위대한 지적 성취 가운데 하나'라고 격찬했다. 특히 미국 캘리포니아 대학의 다이아몬드 교수는 한글의 우수성을 글자가 소리와 일대일로 대응하는 점, 음소 문자이면서도 음절 문자로 조합해 쓸 수 있다는 점, 모음과 자음이 한눈에 구분된다는 점, 음성학적 근거를 가지고 만든 점 등으로 분석하였다.

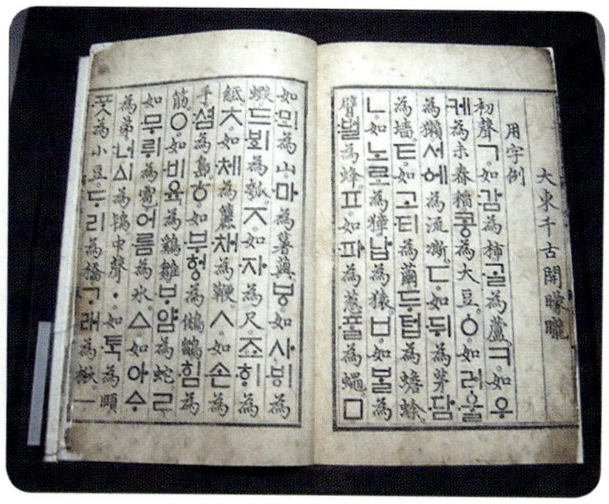

1. 정보화 시대에 한글이 갖는 장점은 무엇입니까?

2. 한글은 어떤 점에서 우수한 문자입니까?

3. 여러분 나라에서 사용하는 문자에 대해 이야기해 봅시다.

문법 설명

01 -데요

과거에 직접 경험하여 새로 알게 된 사실에 대해 어떤 느낌을 실어 상대방에게 전달할 때 쓰이는 표현이다. '-데'에 높임의 '요'가 붙은 표현이다.

- 만나기 전에는 기대도 안 했었는데 만나보니까 괜찮데요.
- 10년 만에 할아버지를 뵈었더니 저를 몰라보시데요.
- 그 사람은 자기 전공뿐만 아니라 여러 분야에 걸쳐 깊은 관심이 있데요.
- 그 집은 구조가 좋아서 그런지 평수에 비해서 넓어 보이데요.

02 -더라고요

과거 어느 때에 직접 경험하여 새로 알게 된 사실에 대해 지금 상대방에게 옮겨 전달할 때 쓴다. '-더라고'에 높임의 '요'가 붙은 표현이다.

- 한국어를 6개월밖에 안 배웠다고 하는데 정말 잘 하더라고요.
- 그 회사에 취직하려면 우선 이력서하고 자기소개서를 준비하라고 하더라고요.
- 그 사람은 보통 때는 바둑을 잘 두는데 내기를 하면 꼭 지더라고요.
- 첫눈에 반하니까 정말 그 사람 생각밖에는 아무것도 할 수 없더라고요.

03 -되

앞 내용을 인정하면서도 그에 대한 단서가 있음을 나타내므로 '-는데, 단'의 뜻이다. 말보다는 글에서 쓰이며 예스러운 느낌을 준다.

- 네가 하고 싶은 것을 하되 네 행동에 책임을 져야 한다.
- 필요한 경우 이용을 하되 다 쓴 후에는 반드시 전원을 꺼 주십시오.
- 광고에 신경을 쓰되 품질 개발이 우선임을 잊지 마십시오.
- 책을 읽되 소리를 내지 마시고 눈으로 읽으세요.

04 -는 한

뒤의 행위나 상태에 대해 전제나 조건이 됨을 나타낸다.

- 부모로부터 경제적으로 독립이 되지 않는 한 진정한 독립이라고 할 수 없다.
- 품질이 뒷받침되지 않는 한 광고만으로 제품의 판매 실적을 올릴 수는 없습니다.
- 기술적인 측면이 아무리 뛰어나다고 하더라도 감동이 없는 한 잘 만든 영화라 할 수 없다.
- 꾀를 부리지 않고 열심히 노력하는 한 언젠가 인정받을 날이 올 거야.

제5과 생활과 경제

01
제목 | 소비 생활
과제 | 소비 성향에 대한 설문 조사 결과 요약해 발표하기
합리적인 소비에 대해 조언하기
어휘 | 현대인의 소비 생활
문법 | -어서 -을래야 -을 수가 없다, -을까 말까 생각 중이다

02
제목 | 개인 경제 활동
과제 | 여러 가지 재테크 방법에 대해 발표하기
바람직한 경제생활에 대한 편지글 쓰기
어휘 | 재테크
문법 | -는다고, -더라도

03
정리해 봅시다

- 문화
개성상인

01 소비 생활

학습 목표
- 과제 소비 성향에 대한 설문 조사 결과 발표하기, 합리적인 소비에 대해 조언하기
- 문법 -어서 -을래야 -을수가 없다, -을까 말까 생각 중이다
- 어휘 현대인의 소비 생활

여러분이 물건을 살 때 중요하게 고려하는 것은 무엇입니까?

延世日報 A1

유통 기한 지난 맥주
새 맥주로 교환

자동차 리콜 전
수리비도 돌려받는다

포천시, 잘못된 행정
서비스에 대한 보상 실시

위 신문의 머리기사를 보고 소비자 피해와 보상에 대해 이야기해 봅시다.

대화

CD1:24~25

마리아　왜 그렇게 잔뜩 화가 났어?

미선　방금 세탁소에 갔다 왔는데, 이것 봐. 스웨터가 한쪽은 늘어나고 한쪽은 줄어들었잖아. 입을래야 입을 수가 없게 생겼는데 주인은 괜찮다는 거야.

마리아　어디 봐. 그러게, 이쪽 오른 팔이 더 기네.

미선　그래! 그냥 눈으로 봐도 이렇게 확연히 차이가 나는데 주인은 별로 표가 안 난다는 거야.

마리아　보상해 달라고 하지 그랬어?

미선　보상해 달라고 그랬지. 그랬더니 보상은 고사하고 사과 한 마디 없더라고. 나 원 참.

마리아　그럼, 소비자 보호원에 고발해. 요즘은 소비자 보호법 덕분에 이렇게 피해를 입은 경우는 손해 배상을 받을 수 있잖니.

미선　그렇지 않아도 지금 고발을 할까 말까 생각 중이야.

01 미선 씨에게 발생한 문제는 무엇입니까?

❶ 세탁물 분실　❷ 세탁물 탈색
❸ 세탁물 변형　❹ 세탁물의 세탁 불량

02 미선 씨가 화가 더 많이 난 이유는 무엇입니까?

03 다음은 세탁소 이용 시 발생한 여러 피해 상황입니다. 위 대화처럼 이야기해 봅시다.

상황　1) 세탁물 분실　2) 세탁물 탈색　3) 세탁물 변형　4) 부착물 탈락　5) 세탁 불량

늘어나다　줄어들다　확연히　표가 나다　보상하다　소비자 보호원　고발하다　피해를 입다　손해 배상

어휘 현대인의 소비 생활

01 다음 표현을 익히고 빈칸에 알맞은 말을 골라 쓰십시오.

판매자/판매처 소비자 소비자 보호원 고객 상담실	하자가 있다 교환(을) 하다 반품(을) 하다 환불(을) 하다/받다 무상 수리(를) 하다/받다	접수(를) 하다 신고(를) 하다 고발(을) 하다 청구(를) 하다 보상(을) 하다/받다

소비자가 피해를 입었을 경우 소비자 보호법에 따라 피해 (   )을/를 받을 수 있는 규정이 있다. 규정에 따르면, 예를 들어 소비자가 전자 제품을 구입했는데 제품에 (   )이/가 있을 경우 판매처는 새 제품으로 (   )해 주거나 구입가 대로 (   )해 줘야 한다. 또한 구입일로부터 1년 안에 고장 날 경우 수리비 없이 (   )을/를 해 줘야 한다.

각 기업체나 백화점 같은 대형 판매점들은 소비자에게 발생하는 여러 문제를 상담하고 해결해 주는 (   )을/를 운영하고 있다. 그러나 종종 물품이나 서비스를 제공한 (   )이/가 소비자에게 발생한 피해를 성의껏 해결해 주지 않을 경우 소비자들은 (   ) 같은 단체에 문의를 하거나 해서 그 업체를 (   )고 피해 보상을 (   )할 수도 있다.

02 다음 상담 내용을 읽고 위 어휘를 사용해 조언을 해 봅시다.

저는 얼마 전에 애완견 센터에서 아주 귀여운 애완용 강아지 한 마리를 구입했습니다. 그런데 구입한 지 3일째 되는 날부터 아프기 시작하더니 일주일 만에 갑자기 죽고 말았습니다. 어떻게 해야 하죠?

문법

01 다음 글을 읽고 문법 및 표현을 익혀 봅시다.

나 같이 혼자 살며 직장 생활에 쫓기는 사람에게는 홈 쇼핑과 인터넷 쇼핑이 아주 편하고 즐거운 쇼핑 공간이다. 이것저것 물품을 비교해가며 또 쇼핑 호스트의 설명을 들어가며 집안에 앉아서 내 맘에 드는 물건을 찾아다닐 수 있으니 말이다.

그러나 구입한 제품이 도저히 **쓸래야 쓸 수가 없는** 불량 상품이어서 판매자와 몇 차례 전화로 입씨름을 한 적도 있다. 그 때는 화가 나서 소비자 보호 센터에 **고발을 할까 말까** 고민하기도 했다. 그런 불량 업체만 없으면 얼마나 좋을까?

-어서 -을래야 -을 수가 없다

1) 빈칸을 채우고 보기와 같이 이야기해 봅시다.

이 유	결 과
새로 산 오리털 코트가 털이 자꾸 빠진다	입다
그 헬스클럽은 회원 가입비가 너무 비싸다	
그 수입 가구는 너무 고가이다	
	읽다
길이 좁은데다 너무 울퉁불퉁하다	자동차로

[보기] 새로 산 오리털 코트가 털이 자꾸 빠져서 입을래야 입을 수가 없다.

–을까 말까 생각 중이다

2) 빈칸을 채우고 보기와 같이 이야기해 봅시다.

상 황	고민하는 내용
기능에는 문제가 없는데 디자인이 촌스러운 휴대폰	최신형으로 새로 산다
어제 샀는데 디자인이 마음에 안 드는 옷	
불량 식품을 판 가게 주인의 무례한 태도	
출퇴근 거리도 멀고 대우도 안 좋은 직장	
고객도 줄고 이윤도 적은 업종	

[보기] 휴대 전화를 산 지 오래 돼서 최신형으로 새로 살까 말까 생각 중이에요.

02 다음과 같은 경우에 여러분은 어떻게 하시겠습니까? '–어서 –을래야 –을 수가 없다', '–을까 말까 생각 중이다'를 사용해 자기 의견을 말해 봅시다.

1) 자동차를 구입했습니다. 그런데 얼마 되지 않아 주행 중 소음이 나기도 하고 시동이 걸리지 않을 때도 있습니다. 수리를 받아도 마찬가지입니다.

2) 앞으로 중국어가 필요할 것 같아서 밤에 학원에 다니고 있지만 직장에서 업무량이 많아 시간에 쫓기다 보니 공부할 시간이 아주 부족합니다.

3) 불면증 때문에 밤에 자지 못해 낮에는 아주 졸립니다. 그 때문에 직장에서 일을 제대로 할 수가 없습니다.

과제 1 읽고 말하기

다음 신문 기사를 읽고 질문에 답하십시오.

지구촌 소비자들의 소비 성향은 과연 나라별로 어떤 차이가 있을까? 서울, 세계 패션의 중심지인 뉴욕, 세계에서 가장 소득이 높은 북유럽의 스톡홀름, 이 세 도시의 20-40대 소비자 1500명을 대상으로 소비문화를 조사했다. 세 나라 모두 정보화 수준이 최고이고, 세계를 향한 개방도가 높고 변화에 민감하다.

조사 결과, 미국은 연령별로 큰 차이 없이 품질과 개성을 중시하고 스웨덴은 디자인과 신제품을 선호하고 한국은 세대 간 소비 성향 격차가 매우 큰 것으로 나타났다.

실용주의의 본고장인 미국은 소비자 3명 중 2명이 디자인보다 품질을 더 중요하다고 생각하고, 품질을 더 중시하는 사람이 스웨덴은 평균 48%, 한국은 55%였다. 하지만 한국(67%), 스웨덴(72%)의 20대는 디자인이 더 중요하다고 답했다. 이로 보면 한국과 스웨덴의 20대는 미국에 비해 감성을 중요하게 생각하는 경향이 뚜렷하다.

가격은 구매 결정 요인에서 차츰 밀려나고 있다. 미국 소비자의 45%, 스웨덴의 44%가 '원가를 꼭 갖고 싶다면 가격은 중요하지 않다'고 생각했다. 한국은 평균 65%가 가격이 더 중요하다고 답했지만 세대 간 격차가 커 40대는 70%가 가격을 중시하는데 20대로 가면 43%로 뚝 떨어진다.

미국은 전체 소비자의 65%, 스웨덴은 54%가 '나만의 독특한 감각으로 꾸미는 것을 좋아한다.'고 답했으나 한국은 겨우 29%로 미국과 스웨덴의 절반에도 미치지 못했다. 개인주의 문화권인 미국, 스웨덴과 집단주의 문화권인 한국과의 차이가 분명하게 드러나는 대목이다. 그러나 한국도 연령이 낮아질수록 개인주의 성향이 늘어 40대 22%, 30대 27%, 20대 39%가 나만의 감각을 중시한다고 답했다.

제품의 순환주기도 빨라지고 있다. 스웨덴은 21%만이 고장난 제품을 고쳐 쓴다고 해 신제품에 대한 선호도가 높고 다양한 물건을 경험해 보고 싶은 욕구가 강하다. 미국은 평균 36%, 한국은 42%가 고쳐 쓴다고 했다.

한국 소비자의 30%는 비싼 물건이 자신의 가치를 높인다고 생각한다. 미국(26%), 스웨덴(14%)보다 높다. 특히 20대의 고가 제품 선호도는 한국이 38%, 미국 28%, 스웨덴 16%다. 스웨덴은 30, 40대도 13%로 비싼 상품이 자기 가치를 향상시킨다는 생각이 희박했다.

01 위 기사에서 무엇에 관해 설문조사했습니까?

지구촌 성향 개방도 실용주의 감성 밀려나다 대목 순환주기 욕구 선호도 희박하다

02 다음은 설문 조사 결과 중 하나를 그래프화한 것입니다. 나라별, 연령별로 어떻게 다른지 자세히 비교해 말해 봅시다.

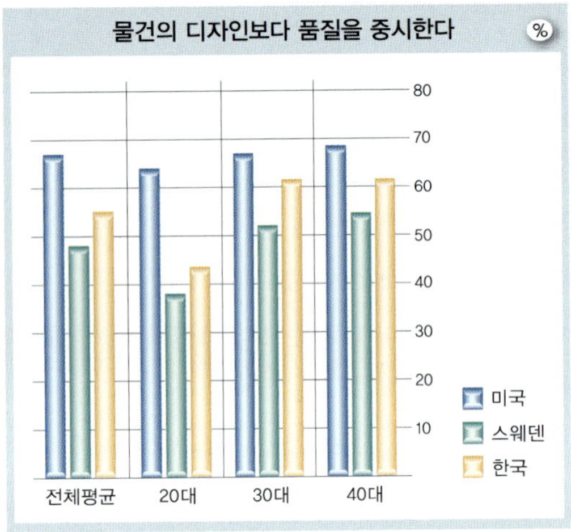

03 이 설문 조사의 결과는 무엇입니까? 다음 표에 요약하고 이야기해 봅시다.

설문 조사 내용	설문 조사 결과	조사 결과 해석
디자인과 품질	1. 제품 품질을 중시: 미국(66%), 한국(55%), 스웨덴(48%) 2. 디자인 중시: 한국의 20대(67%), 스웨덴의 20대(72%)	1. 미 국민의 실용주의 성향을 보여줌 2. 젊은 미래 소비층은 감성을 더 중시하는 경향
가 격		
나만의 감각과 개성		
제품의 순환주기		
고가 제품 선호도		

04 여러분의 소비 성향은 어떻습니까?

과제 2 듣고 토론하기 [CD1:26]

다음을 듣고 질문에 답하십시오.

01 중심내용은 무엇입니까?

❶ 명품 소비의 원인 ❷ 명품의 정의와 분류
❸ 명품 소비의 영향 ❹ 명품 소비의 변화

02 다음은 명품족에 대한 분류입니다. 이들이 명품을 소비하는 이유가 무엇인지 맞는 것을 연결하십시오.

과시형 • • 남들이 다 하는 유행이니까
동조형 • • 자신의 재력과 성취를 과시하려고
환상형 • • 부유층과 다르지 않다는 생각에서
질시형 • • 나를 돋보이게 하려고

03 2번에서 말한 명품 소비 이유 외에 또 다른 이유가 아닌 것은 무엇입니까?

❶ 비싼 물건을 샀을 때의 성취감 ❷ 상류층의 경제적 기여
❸ 광고나 드라마의 영향 ❹ 상류층 간의 연결

04 위와 같은 이유들로 명품소비를 고집하는 각 유형의 사람들에게 합리적인 소비생활을 위한 조언을 해 보십시오.

소비 유형	조 언
과시형	
동조형	
환상형	
질시형	

05 명품 소비에 대해 토론해 봅시다. 먼저 긍정적인 면과 부정적인 면에 대해 생각한 후 간단히 메모해 보십시오.

긍정적인 면	부정적인 면

사치스럽다 재화 추세 애호하다 과시하다 동조 돋보이다 환상 질시 성취감 조장하다 부추기다

02 개인 경제 활동

학습 목표 ● 과제 여러 가지 재테크 방법에 대해 발표하기, 바람직한 경제생활에 대한 편지글 쓰기
● 문법 -는다고, -더라도 ● 어휘 재테크

주식 투자를 해 본 경험이 있습니까? 돈이 있다면, 주식 투자를 하겠습니까?

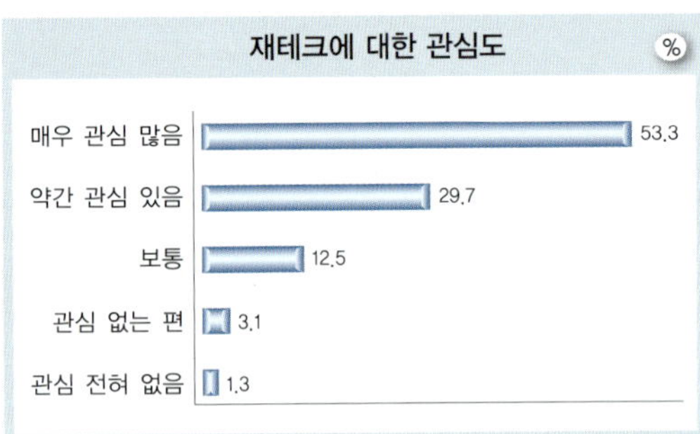

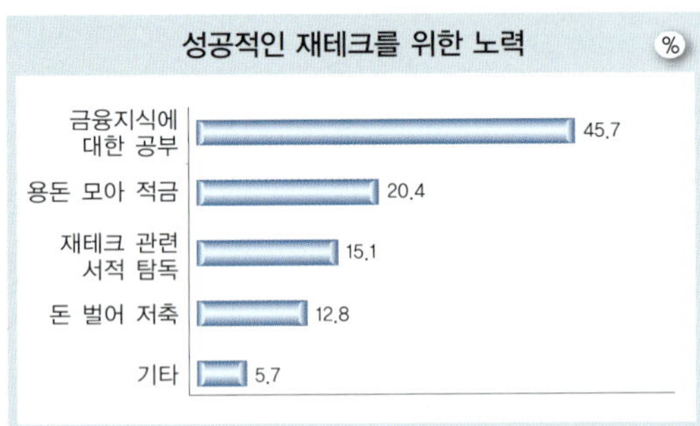

위 그래프는 한국의 20대(대학생 구직자) 450명을 대상으로 재테크 관심도에 대해 조사한 결과입니다. 여러분은 재테크에 어느 정도 관심이 있습니까? 재테크를 위해 어떤 노력을 하고 있습니까?

대화

CD1:27~28

민철 큰일이네. 보너스가 다 날아가 버렸어요.

미선 그게 무슨 말이에요? 설마 보너스로 주식을 샀던 건 아니겠죠?

민철 사실 미선 씨에게 말은 못했는데요. 김 대리가 크게 이익을 봤다고 하길래 나도 한 번 해 본 건데, 이렇게 될 줄 누가 알았나요?

미선 그러게 남들 한다고 무작정 따라 해요? 한탕 해 보겠다는 마음으로 하는 게 투기지 무슨 투자예요?

민철 김 대리가 자꾸만 조금 더 오르면 팔자고 그러지 뭐예요? 주가가 무릎일 때 사고 어깨에서 팔아야 한다는데. 그러다가 주가가 갑자기 떨어지는 바람에··· 에이 참, 욕심을 덜 부리면 될 것을.

미선 주식 투자는 위험 부담이 크지 않아요? 몇 년이 걸리더라도 한 푼 두 푼 내 힘으로 모으는 게 마음 편할 것 같은데요.

민철 미선 씨는 주식을 너무 부정적으로 생각하는 것 같네요. 요즘처럼 은행 금리가 낮을 때는 주식 투자를 해야 하는 거라고요. 주식에 투자하는 것도 국가 경제나 기업 경제 활동에 도움이 된다고요.

미선 그걸 누가 모르나요? 문제는 장기적인 안목이나 계획성을 가지고 투자하는 게 아니라 주식 투자가 무슨 복권이라도 되는 양 일단 사고 보자는 식이니 그렇죠.

01 민철 씨는 무엇에 대해 말하고 있습니까?

❶ 저축의 위험성 ❷ 보너스의 활용 방법
❸ 주식 투자의 기본 원칙과 의미 ❹ 주식 투자의 안전성

02 미선 씨가 재산을 불리는 방법으로 바람직하다고 생각하는 것은 무엇입니까? 그리고 그 이유는 무엇입니까?

03 위 대화의 내용에 대해서 보기와 같이 이야기해 봅시다.

[보기] 가 : 민철 씨가 주식 투자를 해서 보너스를 다 날렸나 봐요.
나 : 네, 옆자리에 앉은 김 대리가 해 보라고 해서 했대요. 좀 더 오르면 팔려다가 주가가 떨어지는 바람에 손해를 많이 봤나 봐요.

무작정 한탕 하다 투기 투자 욕심을 부리다 안목

어휘 재테크

01 다음 표현을 익히고 (가)와 (나)를 맞게 연결한 후 빈칸에 알맞은 말을 골라 쓰십시오.

(가)	(나)
• 저축 / 예금 · 적금 / 재테크 분산 투자 / 직접 투자 / 간접 투자 • 주식 / 부동산 / 펀드 / 미술품 / 금 • 주가(주식 가격) / 부동산 가격 / 분양가(격) 매매가(격) / 전세가(격) / 이자 / 금리 환율 / 수익률	• –을/를 하다 • –에 투자하다 –을/를 사다 • –이/가 오르다 / 떨어지다 –이/가 급등하다 / 급락하다

1) 은행 금리가 떨어지면 사람들은 은행에 예금할 돈으로 주식이나 (　　　　　　), (　　　　　　) 등에 투자하게 된다. 은행의 금리가 (　　　　　　)으면/면 주식에 투자하기보다는 은행에 (　　　　　　)하고 이자를 받는 게 유리해질 수 있다.

2) 금값이 급등하자 금에 (　　　　　　)하는 상품에 관심을 갖는 고객들이 늘고 있다. 최근에는 소액으로도 금을 살 수 있게 설계된 금융 상품들이 나오면서 일반인들에게 인기를 끌고 있다.

3) (　　　　　　) 열풍이 부는 이유는 무엇일까. 가장 큰 이유는 전시하지 않을 경우 소장하는 시점부터 독점성이 생기기 때문에 자신만 가지고 있다는 자부심과 함께 투자의 즐거움도 함께 누릴 수 있다는 점이다.

4) 국내 (　　　　　　) 시장이 안정세를 보이고 있다. 지난해 아파트값이 크게 올랐던 지역이 올해는 적정한 수준으로 (　　　　　　)었다/았다/였다.

5) 유진기업은 서울시 구로구 고척동에 유진 마젤란 아파트 총 175가구 중 72가구를 일반 분양한다. 지하 1층, 지상 15층 규모로 175가구이다. (　　　　　　)은/는 3.3㎡ 당 1,200만 원대이고 40% 무이자 융자가 가능하다.

02 여러분은 어떤 투자를 하고 싶습니까? 위 어휘들을 사용해 보기와 같이 이야기해 봅시다.

[보기] 가 : 다음 달에 보너스를 받게 되는데 그 돈으로 그림이나 좀 살까 봐요. 요즘 미술품에 투자하는 사람들이 늘고 있대요.

나 : 그거 좋겠네요. 좋은 작품을 잘 골라서 사 두면 값이 오를 뿐만 아니라 집에 걸어 두고 감상할 수도 있으니 일석이조겠네요.

문법

01 다음 글을 읽고 문법 및 표현을 익혀 봅시다.

이제는 부모 세대처럼 절약해서 모은 돈을 은행에 **넣어만 둔다고** 노후를 보장받을 수 있는 시대가 아니다. 그렇다고 가지고 있던 돈을 모두 주식에 투자하는 것은 바람직하지 않다. 아무리 주식 시장이 **활황이더라도** '달걀은 한 바구니에 담지 말라'는 말처럼 분산 투자에 대한 관심을 높여야 한다. 요즘 가장 인기가 있는 것이 바로 '펀드'다. 펀드 투자는 예금 금리로는 만족하지 못하지만 직접 투자하기에는 위험 부담이 너무 크다고 생각하는 사람들에게 좋은 투자 수단이다.

-는다고

1) 다음을 연결하고 보기와 같이 이야기해 봅시다.

주가가 오르고 있다 •	• 그렇게 계획성 없이 돈을 쓰면 되겠어요?
맞벌이로 돈을 벌다 •	• 대출까지 받아서 투자하는 건 위험하지 않을까요?
너도 나도 펀드를 사다 •	• 무작정 뛰어들면 큰 코 다치기 십상이다.
보는 사람이 없다 •	• 무조건 반말을 하면 안 되죠.
나이가 어려 보이다 •	• 아무 데에나 쓰레기를 버려서야 되겠어요?

[보기] 주가가 오르고 있다고 대출까지 받아서 투자하는 건 위험하지 않을까요?

-더라도

2) 빈칸을 채우고 보기와 같이 이야기해 봅시다.

예상되는 문제 상황	해야 할 일
신혼 초에 좀 고생이 된다	미래를 위해 저축을 늘리기로 했다.
	가계부를 꼬박꼬박 쓰는 습관을 들이세요.
	한 사람이 돈 관리를 하는 것이 좋다.
좀 위험성이 있다.	
	남에게 폐가 되는 행동은 하지 마라.

[보기] 신혼 초에 고생이 좀 되더라도 미래를 위해 저축을 늘리기로 했다.

02 다음 표를 채우고 '-는다고', '-더라도'를 사용해 보기와 같이 이야기해 봅시다.

상황	주의할 일	예상되는 문제 상황	해야 할 일
다른 사람이 큰돈을 벌었다	무조건 따라서 투자하면 안 된다	시간이 좀 걸린다	정보 수집과 정보 분석이 필요하다
옆집 아주머니가 어디에 가냐고 묻는다	꼭 대답할 필요는 없다	질문을 한다	대답하고 싶지 않다면 그냥 '네'라고 하면 된다
회식 때 술을 많이 마셨다	결근을 해서는 안 된다		

[보기] 다른 사람이 돈을 벌었다고 무조건 따라서 투자하면 안 된다. 시간이 좀 걸리더라도 투자 대상에 대한 정보를 수집하고 꼼꼼히 분석한 후 투자해야 실패할 가능성이 적을 것이다.

과제 1 읽고 말하기

다음 글을 읽고 질문에 답하십시오.

(가) 적금에 너무 치중하지 마라.

적금은 1년 단위로 하는 것이 좋다. 기간을 길게 잡고 적은 액수를 부으면 돈을 모으겠다는 긴장감이 떨어진다. 그리고 각종 재테크 시장은 매우 유동적이라 한 곳에 돈을 묶어 두는 것은 손해일 수 있다.

(나) 가벼운 리스크는 즐겨라.

금융 상품은 안전할수록 이자율은 낮다. 은행보다 저축 은행, 투신사 등의 상품을 알아보고 유리한 곳에 돈을 넣자. 특히 증권 회사의 금융 상품을 적극 활용하자. 은행보다 금리가 높아 이자 측면에서 유리하다.

(다) 주식으로 경제를 배우자.

월 저축액의 30%는 주식에 투자한다. 주식으로 한몫 잡는다는 뜻이 아니라 경제에 대한 개념을 키우는 데 필수적이다. 나중에 재테크를 할 때 큰 도움이 되기 때문이다.

(라) 보너스는 공돈이 아니다.

사람들은 월급 이외에 받는 보너스를 공돈으로 생각하는 경향이 있다. 보너스도 월급처럼 적금이나 투자 방법을 미리미리 생각해 두자.

(마) 나는 정도를 간다! 저축하기.

차곡차곡 모으는 저축 습관은 누구도 당해낼 수 없는 종잣돈 마련 방법이다. 우선 자신의 목표 금액을 구체적으로 설정하고 그 금액을 목표로 현재 저축할 수 있는 금액으로 나눈 뒤 저축 기간을 설정한다.

(바) 이제는 부업을 생각해볼 때.

간단한 아르바이트로 월급 외에 부수입을 올리자. 직장인이 가장 많이 하는 일은 외국어 번역, 파트타임 아르바이트 등이다.

(사) 차 욕심은 애초에 싹을 잘라라.

신입 사원 남자 직장인이 가장 갖고 싶은 것 1순위가 자동차다. 그러나 차에 대한 유혹을 뿌리쳐야 재테크에 성공할 수 있다. 차를 소유하고 있으면 기본적으로 보험료, 연료비, 주차비 등 연 4백~5백만 원이 소비된다. 차를 없애면 목표 달성 기간을 3분의 1정도로 줄일 수 있다는 계산이 나온다.

치중하다 액수 붓다 유동적이다 저축은행 투신사 한몫 잡다
공돈 정도 차곡차곡 종잣돈 부업 부수입 유혹 뿌리치다

01 이 글의 제목으로 적당한 것을 고르십시오.

❶ 신입 사원의 재테크 방법
❷ 재테크의 비법 '안 쓰고 안 먹기'
❸ 쉬면서 즐겁게 하는 재테크
❹ 성공적인 보너스 활용 방법

02 위 글에서 주장, 제안하고 있는 방법들 중 관심 있는 것을 2~3가지 골라 보기와 같이 정리해 봅시다.

보기)

제안	정리된 내용
(가) 적금에 너무 치중하지 마라.	적금은 1년 만기로 든다.

03 위에서 제안하고 있는 방법 이외에 또 어떤 방법으로 돈을 모을 수 있을까요? 위 2번의 형식으로 적어보고 이야기해 봅시다.

제안	설명

04 다음은 한국의 20대가 선호하는 미래 재테크 수단에 대한 조사 결과입니다.
여러분 나라에서는 어떻습니까?

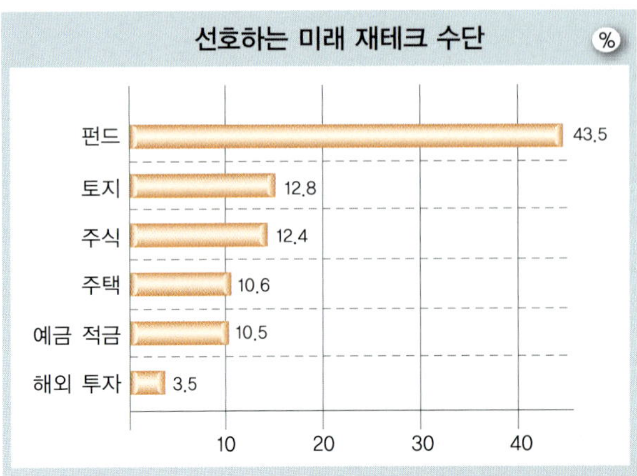

과제 2 듣고 편지쓰기 [CD1:29]

01 다음을 잘 듣고 소개하고 있는 책에 대한 설명으로 맞는 것을 고르십시오.

❶ 돈과 경제에 관한 청소년용 경제 교과서
❷ 청소년들이 부자가 되는 방법이 담긴 책
❸ 돈에 대한 바른 가치에 초점을 맞춘 청소년용 책
❹ 여러 가지 금융 상품을 소개하는 청소년용 재테크 방법서

02 다음 위 책의 '차례'를 읽고 오른쪽의 편지 내용과 연결하십시오.

차 례

돈에 관한 철학을 가져라
세 번째 편지 돈에는 두 가지 얼굴이 있단다
네 번째 편지 돈은 그만큼의 대가를 요구해

돈의 무서운 힘을 조심해라
여섯 번째 편지 돈은 사람 사이를 갈라놓을 수도 있어
일곱 번째 편지 보증을 서는 것은 너무 위험해

돈을 지혜롭게 다뤄라
열네 번째 편지 돈 앞에서는 공격보다 수비에 신경 써라
열다섯 번째 편지 돈을 다룰 때는 의심 살 행동을 하지 마라

사업과 투자의 원칙을 지켜라
스물한 번째 편지 머리와 꼬리는 내 줘라
스물두 번째 편지 큰돈과 작은 돈으로 나누어 관리해라

미래의 위험에 대비해라
스물여섯 번째 편지 보험은 최악의 상황을 피하게 해 줘
스물일곱 번째 편지 본래의 기능에 충실한 보험을 골라라

진정한 가치들을 잊지 마라
서른 번째 편지 세금은 국민의 의무야
서른한 번째 편지 세금을 줄이는 데는 한계가 있어

덧붙이는 편지

- 다른 사람의 돈을 받을 때는 네가 하는 노동이 그만한 가치가 있는지 생각해 보렴. 네가 받는 돈은 다른 사람이 힘들게 노력하여 번 돈이란다.
- 투자를 할 때는 과한 욕심은 버리고 적당한 단계에서 만족할 줄 알아야 한단다. 전부 가지려 하다가는 큰 손해를 보기 쉽단다.
- 돈은 잔인한 힘을 가졌단다. 그 힘은 사람들 사이의 우정과 애정마저도 해칠 수 있을 만큼 강하단다.
- 보험을 계약할 때는 보험 회사의 재정상태 등 여러 가지를 고려해야 한단다. 그중에서도 투자 기능이 추가된 복잡한 보험은 주의하렴.
- 돈을 조금이라도 허술히 관리했다가는 신용을 잃게 된단다. 남의 돈을 맡게 되면 동전 하나까지도 주의해야 한단다.

기존 씀씀이 실질적이다 속성 사금융 국민연금 대가 갈라놓다 의심을 사다 본래 잔인하다 허술히

03 다음은 서른두 번째 편지의 일부입니다. 여러분이 부모님으로부터 이런 편지를 받았다면 어떤 답장을 쓰겠습니까?

서른두 번째 편지 : 인생에서 가장 중요한 것은 돈이 아니야.

"인생에서 가장 중요한 것이 뭘까?"라는 질문을 받으면 너는 뭐라고 대답하겠니?

내가 어렸을 적에는 농담으로라도 "돈이요."라고 대답했다간 틀림없이 어른들한테 혼났을 거야. 그런데 지금은 돈이 가장 중요하다고 당당히 대답하는 아이들이 많다더라. 게다가 그런 대답에 아무렇지도 않게 고개를 끄덕이는 어른들도 많다니 이건 좀 아니라는 생각이 드는구나.

물론 땀 흘려 번 돈은 귀한 거지. 돈이 없으면 제대로 살 수 없으니까. 그렇지만 인생에서 가장 중요한 건 돈이 아니야. 그럼 뭐냐고? 글쎄다, 대답하기가 좀 어렵구나. 아빠는 그게 돈이 아니라고 확실히 말할 수는 있지만 바로 이거다 하고 딱 잘라 말하지는 못 하겠어. 대신 이런 말만은 해주고 싶구나. 그 답을 찾는 여행이 바로 인생이란다.

지금 네가 이 편지들을 전부 이해하기는 어려울 수도 있어. 하지만 앞으로 살아가면서 이 편지들을 가끔 꺼내어 다시 읽다 보면 고개를 끄덕이게 될 거야. 이 아빠에게 그보다 더 한 기쁨은 없을 것 같구나. 네게 편지를 쓰는 시간은 아빠에게도 무척 뜻 깊은 시간이었어. 그동안 머릿속에서만 막연히 맴돌던 생각들을 정리할 수 있었거든. 그리고 내가 지금까지 살면서 멋진 사람들을 많이 만났다는 사실, 그 사람들로부터 귀중한 가르침을 받았다는 사실을 새삼 떠올릴 수 있었지. 너도 앞으로 훌륭한 사람들을 많이 만나며 의미 있는 인생을 살았으면 좋겠구나.

괴로울 때 네 잠든 얼굴을 보며 용기를 얻는 아빠가

께

올림

03 정리해 봅시다

I. 어휘

01 다음을 연결하고 보기와 같이 문장을 만드십시오.

1) 손해 배상 •	• 보상하다
2) 불법 판매처 •	• 경찰에 고발하다
3) 소비자에게 발생한 피해 •	• 청구하다
4) 쇼핑시의 불편 사항 •	• 고객 상담실에 접수하다
5) 가족의 출생이나 사망 사실 •	• 신고하다

[보기]

1) 소비자가 피해를 입었으면 판매처나 회사에 손해 배상을 청구할 수 있다.

2) ....

3) ....

4) ....

5) ....

02 여러분이 구입한 지 얼마 안 된 제품에 하자가 있습니다. 위 1번과 아래에 있는 어휘를 사용해 해결 방법을 쓰고 말해 봅시다.

하자가 있다　교환하다　반품하다　환불하다/받다　무상 수리를 하다/받다　신고하다　고발하다

1) 판매처에서
- 하자가 없는 새 제품으로 교환한다.
- ....

2) 판매처에서 해결할 수 없을 때 제조사에
- ....
- ....

3) 제조사에서 해결되지 않았을 때 소비자 보호원에
- ....
- ....

03 빈칸에 알맞은 말을 골라 쓰십시오.

한탕하다	투기	안목	무작정
늘어나다	줄어들다	확연히	표가 나다

1) 부동산으로 짧은 시간 안에 큰돈을 벌려는 것은 투자가 아니라 (   )이에요/예요.
2) 사업으로 성공을 하려면 세계 경제흐름에 대한 (   )이/가 있어야 한다.
3) (   )어서/아서/여서 큰돈을 벌자는 친구의 유혹에 그는 결국 마약 밀수에 손을 대게 되었다.
4) 아무리 좋은 일이라도 계획 없이 (   ) 남을 따라하는 것은 어리석은 짓이다.
5) 중년이 되면 나이가 들수록 얼굴과 목의 주름은 (   )고 키는 (   )는다/ㄴ다/다.
6) 그의 작품은 기존의 기법과는 (   ) 달랐다.
7) 연필로 쓴 것이 (   )지 않게 깨끗이 지웠지만 여전히 연필 자국은 남았다.

04 빈칸에 알맞은 말을 골라 쓰십시오.

저축	예금 · 적금	재테크	분산 투자	이자	펀드
주식	부동산	미술품	전세가	수익률	직접 투자
주가(주식 가격)	분양가	간접 투자	금리	환율	

1) –을/를 하다 : 저축, ..., ..., ...
2) –에 투자하다 : 주식, ..., ..., ...
3) –을/를 사다/ 팔다 : 주식, ..., ..., ...
4) –이/가 오르다/ 떨어지다 : 주가, ..., ..., ...

Y O N S E I K O R E A N 5

II. 문법

다음 상황을 읽고 대화를 완성하십시오.

상황 1
민철 씨는 새로운 기능을 가진 제품이 나올 때마다 카메라와 부속품들을 바꾸고 싶어서 참을 수 없다. 친구는 민철 씨에게 갖고 싶은 것을 다 가질 수는 없다고 한다.

민철 .... 을까/ㄹ까 말까 생각 중이야.
.... 을래야/ㄹ래야 .... 을/ㄹ 수가 없어.

친구 또 바꾸다니? 말도 안 돼. 돈도 생각해야지. 너 월급도 그다지 많지 않잖아!
.... 는다고/ㄴ다고/다고 ....
.... 더라도 ....

민철 그렇지만 그 카메라가 자꾸 눈앞에 아른거리는 걸 어떻게 해!

상황 2
영호 씨는 월급만으로는 돈을 모으고 살기가 힘들어서 은행 대출을 받아 작은 사업을 시작하려고 한다. 선배는 요즘 사업을 시작하면 위험하다고 말한다.

영호 .... 을까/ㄹ까 말까 생각 중이에요.
.... 을래야/ㄹ래야 .... 을/ㄹ 수가 없어요.

선배 .... 는다고/ㄴ다고/다고 ....
더구나 요즘 불경기라서 말이야. 그리고 사업 자금도 상당히 필요할 텐데…
.... 더라도 그 이자도 만만치 않을테고…

영호 그렇다고 그냥 이대로 월급쟁이 노릇만 하고 살 순 없을 것 같아요.

Ⅲ. 과제

설문 조사를 합시다.

다음 항목 가운데 하나를 골라 질문을 만들어 반 친구들을 대상으로 조사한 후 결과를 말해 봅시다.

〈선택 항목〉

- 식비
- 주거비
- 교통비
- 의복비
- 문화, 오락비
- 기타 (한 달 총 생활비, 생활 비용 충당 방법 등)

주제 : 학생들의 소비 실태	
항목	세부 질문 내용
식 비	1. 보통 어디에서 아침, 점심, 저녁을 먹습니까? 2. .... 3. .... 4. .... 5. 한 달 총 식비는 대략 얼마입니까?
	1. .... 2. .... 3. .... 4. .... 5. ....

	친구 1	친구 2	친구 3	친구 4	친구 5	친구 6
나이 성별 직업 국적						
답변 내용	1. .... 2. .... 3. .... 4. .... 5.					

문화

개성상인

현재 북한 지역에 있는 개성(옛날 명칭 송악)에는 고려, 조선 시대를 통해 커다란 세력권을 이룰 정도로 상인이 많았다. 그 이유는 무엇일까? 고려를 세운 왕건은 송악 지방의 호족이었고 그의 조상은 대대로 당나라와 무역을 해 부를 축적하고 막강한 해상 세력을 이루었다. 이 해상 세력은 개성을 중심으로 황해도 일부, 강화도, 한강 하류 일대까지 기세를 떨쳤다. 또한 고려가 당시 송나라, 아라비아, 일본과 무역을 하는 데도 크게 기여했다.

그 당시 국제 무역항은 예성강 입구의 벽란도라는 곳이었는데 여기에서 멀지 않은 개성도 함께 번성해 외국 사신들과 상인들의 왕래가 빈번하고 공무역, 사무역이 모두 번창해 상업 도시로 발전하게 됐다. 일찍부터 이런 사회, 지리적 상황 속에서 고도의 상술을 터득한 개성상인들이 상업 활동의 주역을 담당한 것은 당연한 일이라 하겠다.

고려 시대에 무역의 전성기를 보낸 개성상인들은 조선 시대에 와서 민간 상인의 무역을 금지하는 정책으로 큰 타격을 받기는 했으나 전국 상업계를 연결하는 행상 조직으로 이를 극복해 나갔다. 이들은 근면, 성실, 정보력으로 고도의 상술을 개발해 서울 시전 상인들과 쌍벽을 이루었다.

조선 중기에는 상권을 전국적으로 확대하고 조직화해서 송방이라는 지점을 전국 주요상업 중심지에 설치했고 지점장 격인 사람을 파견해서 지방 생산품의 수집과 상품 매매를 맡게 했다. '송방', '개성상인'이라는 말은 이때부터 전국적으로 알려졌다.

18세기에는 중국사신 일행 속에 잠입해 청나라 상인들과 은, 인삼 등을 거래하기도 했다. 개성상인들은 이렇게 축적한 자본으로 인삼 재배와 가공업, 광산 등에 투자했다. 이들은 특히 홍삼의 제조와 거래를 통해 자본 축적도를 높였다. 이 자본은 국내 최대의 토착 민간 자본으로 성장해 외국 자본의 침입에 대항하는 가장 강한 민간 자본으로 대두됐다. 너무 철저하다 보니 깍쟁이라는 말까지 들었지만 개성상인들은 한국의 상업을 발전시킨 주역이었다.

1. 옛날에 왜 개성에 상인이 많았는지 설명해 보십시오.

2. 여러분 나라에서 역사적인 상업 도시가 있다면 소개하십시오.

문법 설명

01 -을래야/ㄹ래야

어떤 의도를 가지고 행동을 하려고 함을 의미하는데 뒤에는 주로 그 의도와 반대되는 상황이 와서 도저히 그렇게 할 수 없음을 나타낸다. 주로 말할 때 '-을래야/ㄹ래야 -을/ㄹ 수가 없다'의 구조로 쓰게 된다.

- 할머니가 만드신 찌개가 너무 짜서 먹을래야 먹을 수가 없었다.
- 서랍이 뒤죽박죽이어서 열쇠가 어디에 있는지 찾을래야 찾을 수가 없다.
- 집값이 치솟아서 집을 살래야 살 수가 없다.
- 일이 산더미처럼 쌓여서 쉴래야 쉴 수가 없다.

02 -을까/ㄹ까 말까 생각 중이다

어떤 행동을 할 것인지 하지 말 것인지 망설이거나 고민할 때 쓰는 표현이다.

- 아이 교육 때문에 일을 접을까 말까 생각 중이다.
- 직장을 옮길까 말까 생각 중이다.
- 머리를 짧게 자를까 말까 생각 중이다.
- 직장을 그만두고 대학원에 진학을 할까 말까 생각 중이다.

03 -는다고/ㄴ다고/다고

'-는다고/ㄴ다고/다고 해서'의 의미로 어떤 상황, 행동의 이유, 원인을 나타낸다. 이 때 앞 문장의 상황 또는 행동 때문에 뒤 문장과 같은 행동을 하면 안 된다는 식의 표현으로 자주 나온다. 또한 주로 속담이나 관용구와 함께 쓰이어 그에 빗대어 어떤 상황을 제시할 때 쓰이기도 하는데 이때는 '-는다는/ㄴ다는/다는 말이 있듯이, -는다고/ㄴ다고/다고 하더니'의 의미를 가진다.

- 좀 피곤하다고 회사에 안 가면 안 되지요.
- 첫 월급을 받았다고 월급의 대부분을 선물 비용으로 써버렸다.
- 친구가 유학 간다고 너도 유학 가겠단 말이니?
- 낮말은 새가 듣고 밤말은 쥐가 듣는다고 항상 말조심하세요.

04 -더라도

가정이나 양보의 의미로 앞 문장의 사실을 인정하지만 그것과 상관없이 뒤 문장에서는 앞 문장의 기대와 반대되는 행동을 하게 되는 경우에 쓰인다. '-어도/아도/여도'와 의미가 유사하지만 '-더라도'의 뜻이 더 강하다.

- 좀 힘들더라도 참고 열심히 하면 좋은 결과가 있을 거야.
- 다소 손실을 보더라도 공격적인 투자를 할 필요가 있을 때가 있다.
- 다리가 좀 아프더라도 어른이 타시면 자리를 양보해 드려야지.
- 아무리 주식시장이 활황이더라도 돈이 없으면 못 하는 거죠.

듣기 지문

듣기 지문

1과 2항 과제 2

전국 5개 도시 20–30대 기혼 남녀 226쌍을 대상으로 전화 면접을 통해 부부 간의 호칭을 조사한 결과 20–30대 남편들은 아내를 부를 때 누구와 함께 있느냐와는 상관없이 이름으로 부르는 경우가 가장 많은 것으로 나타났습니다. 이러한 결과로 볼 때, 남편들은 상황과 관계없이 연애 시절부터 편하게 부르던 호칭을 결혼 후에도 계속 사용하고 있음을 짐작할 수 있습니다. 그러나 '이름' 다음으로는 상황에 따라 다소간의 차이가 있었습니다. 즉, 둘만 있을 경우에는 '자기/자기야' 라는 호칭을 사용하는 반면, 부모님이나 자녀와 함께 있을 때에는 아이의 이름을 넣어 '누구 엄마' 라는 호칭을 사용하는 것으로 나타났습니다.

20–30대 아내의 경우, 대부분의 상황에서 '오빠' 라는 호칭을 가장 많이 사용하였으나, 자녀 앞에서는 '누구 아빠' 라는 호칭을 가장 많이 사용하였습니다. 이러한 결과로 미루어 볼 때, 아내는 남편보다 자녀에게 더 많은 신경을 쓰고 있음을 알 수 있습니다. 그리고 아내의 경우도 '오빠' 다음으로는 경우에 따라 달랐는데, 둘만 있을 경우에는 '자기/자기야' 라는 호칭을, 부모님과 함께 있을 때는 '누구 아빠' 라는 호칭을, 그리고 자녀와 함께 있을 때는 '오빠' 라는 호칭을 사용하였습니다. 아내가 남편보다 상황에 따라서 호칭을 다르게 사용하고 있다는 이러한 조사 결과는, 여성이 남성보다 사람과 사람 사이의 관계적 측면에 더 신경을 쓴다는 사회적 통념을 보여준다고 할 수 있습니다.

2과 2항 과제 2

피상담자 저는 직장 생활 7년차인 회사원입니다. 요즘 부장님과의 관계 때문에 스트레스를 많이 받고 있습니다. 부장님은 어떤 일이 주어지면 일사천리로 곧바로 해치우는 굉장히 급한 성격입니다. 그러다 보니 아랫사람들은 항상 긴장하고 야단도 자주 맞는 편이에요. 그런데 전 부장님과는 반대 스타일이거든요. 시간은 좀 걸리지만 일을 꼼꼼하게 하는 편이고 아랫사람들의 어려움도 잘 챙겨주는 편이라 부하 직원들이 저를 잘 따릅니다. 그래서 수시로 저에게 도움을 요청하고 그러면 전 하나하나 상담을 잘 해 줍니다. 그러는 절 보고 부장님은 일을 열심히 하지 않는다, 업무 중에 잡담을 한다 하면서 요즘 부쩍 트집을 잡습니다. 말투 속에는 저를 질시하는 듯한 느낌이 많이 있어요. 사실 부장님은 저희 부서의 최고 상사이기 때문에 원만한 관계를 유지하고 싶은데 잘 안 됩니다.

상담원 우선은 상대가 부장이고 상사이기 때문에 부하 직원으로서 원만한 관계를 유지하려면 첫 번째는 상사의 스타일에 맞추는 것이 제일 좋은 방법입니다. 상사의 일처리나 판단이 마음에 들지 않더라도 그것에 대해 거부감을 보이거나 반발을 하면 그걸 받아들일 상사는 거의 없습니다. 그러니 업무 방식을 부장님 스타일에 맞춰 부장님이 제일 먼저 처리하고 싶어하는 일을 빨리 끝내세요. 그리고 동료나 아랫사람들에 대한 조언도 부장님이 보지 않는 곳에서 하거나 식사 시간을 이용해서 하는 게 좋겠습니다. 상사보다 아랫사람이 다른 직원들에게 인기가 있어 보이는 것은 오히려 마이너스 요소로 작용하기 쉽거든요. 그리고 부장님 덕분에 업무 처리 능력이 빨라졌다는 감사성 말을 사석을 이용해서 해 보세요. 상대를 칭찬하고 치켜 세워주는 것을 싫어할 사람은 아무도 없습니다.

3과 1항 과제 1

아나운서 YBS FM이 가정의 달 특집으로 <한국인의 일상>을 살펴보았습니다.
제일 처음 만난 분은 충남에 사시는 서른일곱 살의 이경훈 씨입니다.

리포터 이경훈 씨는 대기업을 다니시다가 귀농하셨다고 들었습니다.
무슨 계기가 있었나요?

이경훈 직장 생활에서 받는 스트레스가 너무 심해서요,
아버지가 하시던 목장일을 하기로 했지요.

리포터 하루 일과를 소개해 주시겠습니까?

이경훈 저는 새벽 4시 반이면 일어납니다. 소젖을 짜서 우유 회사차에 실어 보내면
오전 7시가 되고요. 소들에게 먹이를 주고 저도 아침을 먹은 후에 축사를 청소합니다.
오후가 되면 어린 소들을 돌보고요 아무래도 젖소 일정에 맞춰 하루가 돌아가죠.

리포터 힘든 일은 뭔가요?

이경훈 목장을 확장하느라 빌린 대출금 문제요. 뭐 아직은 대출금 갚느라 형편이 넉넉하지 않고요. 우유 소비도 예전 같지 않네요.

리포터 가장 큰 보람은 무엇이고 언제 행복하신지 궁금하군요.

이경훈 상황이 좀 힘들긴 하지만 소들이 여물 먹는 모습을 보면 뿌듯해요.
평생 갈 길을 찾았다는 생각이지요. 함께 회사를 그만두고 '험한 길' 에 동참해 준 아내도 저에겐 든든한 지원군이죠. 평생 할 일을 찾았고 자연 속에서 가족과 같이 살며
제 일을 하고 있으니 행복하다고 할 수 있겠죠?

듣기 지문

리포터 다음으로 투자 전문가로 활동하시는 42세의 정연세 씨를 만나 보았습니다. 하루 일과를 말씀해 주시겠습니까?

정연세 네. 보통 5시 쯤 일어납니다. 신도시에 사니까 시내까지 출퇴근 시간이 1시간 반 쯤 걸리거든요. 아침은 간단하게 빵과 커피로 때우지요. 보통 8시에 근무가 시작되고요, 퇴근시간이 있기는 있지만 제 시간에 퇴근하기가 힘들어요. 야근도 자주 합니다.

리포터 퇴근 후에는 가족과 시간을 보낼 수 있나요?

정연세 이렇게 바쁘니 가족들과 지내는 시간은 물론이고 아무리 아파도 병원에 갈 시간조차 없어요. 일거리를 집에 가져갈 때도 있고 집에 가서도 증권이나 예금 상품에 대해 공부해 가지고 직접 투자를 하고 있거든요. 사실 요즘 머리가 무겁고 쉽게 피곤해져서 장시간 업무에 집중하기가 힘들답니다. 병원에 한번 가봐야 하는데...

리포터 아 그러세요? 무엇보다도 건강에 신경을 쓰셔야 겠군요. 바쁜 생활을 하시면서 가장 크게 느끼는 보람은 무엇이고 언제 행복하신지 궁금합니다.

정연세 생활은 바쁘지만 불어나는 자산을 보면서 행복함을 느껴요. 지금 돈을 벌어서 노후에 가족이 편안한 생활을 누리면서 사는 게 제 꿈이니까요.

리포터 다음으로는 일정한 직장을 다니지 않고 아르바이트를 하고 있는 스물여섯 살의 김무상씨를 만나 보았습니다. 보통 직장인들보다는 자유로운 일과를 보내시겠네요.

김무상 그렇죠. 일어나고 싶은 시간에 일어나는 것이 제 생활의 장점이니까요. 보통 직장인은 아침에 제일 바쁘잖아요. 전 주로 낮 시간에는 배달 일을 하는데 출퇴근 시간과는 크게 상관없이 살고 있지요.

리포터 생활비는 여유가 있나요?

김무상 저 혼자 먹고 쓸 만큼은 돼요. 좋아하는 영화나 공연은 가격이 싸거나 무료인 집 근처의 영상 자료원 같은 데를 이용해요. 사실 식비도요, 혼자 사니까 별로 돈이 안 들어요.

리포터 제일 힘든 일은 뭔가요?

김무상 부모님을 이해시키는 일이지요. 부모님 세대는 정해진 직장 없이 산다는 걸 이해 못하시죠. 그래도 전 제 생활에 불만 별로 없어요. 제가 읽고 싶은 책 읽고 밤에 편의점에서 아르바이트 하고 필요한 시간에 배달 일을 하면서도 생활이 되니까요.

리포터 계속 시간제 일을 하시면서 사실 생각이십니까?

김무상 네, 저도 잠깐 직장 생활을 해 봤는데요. 정말 제 적성에는 맞지 않더라고요. 저도 저 나름대로 행복하게 사는 방법을 찾은 거거든요. 전 제 시간을 제 마음대로 쓰면서 자유롭게 사는 게 좋아요. 그래서 지금 전 행복해요.

4과 1항 과제 2

올해 하반기에 서울시가 청소년 교육 프로그램의 하나로 계획한 '젊은 리더를 위한 시민 강좌'의 첫 주제는 '나는 누구인가' 입니다. 오늘은 이 첫 주제의 강사이신 한국대 철학과 김정호 교수님을 특별한 공간에서 색다른 방식으로 만났습니다. 여기는 한국인들이 사이버 공간에서 시시각각으로 자신의 캐릭터를 진화시키고 있는 PC방인데요. 김 교수님은 같은 과 4학년생인 한영수 군과 한국대 교내 PC방에서 롤플레잉 게임인 '리니지' 에 참여하여 스승과 제자가 아니라 생사를 걸고 전투를 벌이는 전사가 됐습니다. 다음은 게임을 하고 나서 두 사람이 사이버 공간의 자아 정체성에 대해 나눈 대담의 일부입니다.

김정호 이거 쉽지 않군. 뭐 교수라고 봐주는 것도 없네.

한영수 죄송합니다. 게임은 게임이지요.

김정호 게임에서는 평소의 한 군과 사뭇 다른 모습을 보여주더군.
예의 바르고 신중하던 성격 이면에 이런 공격성이 숨어 있는 줄은 몰랐어.

한영수 어차피 다른 환경에서 다른 캐릭터로 나섰으니 현실에서 못해보는 역할을 한번 신나게 해보고 싶더라고요. 그런데 때론 어떤 것이 진짜 저의 모습인지 조금 혼란스러울 때도 있습니다.

김정호 그건 한 군이 그래도 현실에 뿌리박고 있다는 증거야. 그런데 사이버 공간에서의 '자아 정체성' 은 현실과 달리 아주 임의적이고 우발적으로 조작된 거지. 자기 캐릭터를 쉽게 바꾸거나 심지어 팔아치우기도 하지 않나.
단 한 번뿐인 현실 공간의 인생까지 그렇게 무책임하게 살려고 하는 사람들이 늘어나지 않을까 걱정이네.

한영수 하지만 현실에서도 사람들은 여러 가지 얼굴을 갖고 살아가지 않나요? 다중(多重)적 자아가 있다고 해서 자기 정체성이 깨지는 것은 아닌 듯합니다. '리니지' 속의 전사, 그리고 현실 세계에서 강의를 듣는 학생, 가족들과 함께 저녁을 먹는 아들…
조금 혼란스러울 수는 있겠지만 의식의 연속성이 유지된다면 자기 동일성을 유지할 수는 있다고 생각합니다.

듣기 지문

4과 2항 과제 1

앵커 시청자 여러분, 화면에 장미가 뜨면 장미꽃 향기가 나고 김치찌개가 뜨면 김치찌개 냄새가 나는 것, 상상해 보셨습니까? 최근 '미래 과학 연구소'가 미래 사회에 필요한 IT 기술과 그 실현 시기를 예측한 보고서「IT기술예측 2020」을 발표했는데요, 이 보고서에 의하면 가까운 미래에 이것이 가능하다고 합니다. 김영수 기자가 보도합니다.

김영수 네, 미래의 과학 기술! 공상 과학 영화 속에서나 볼 수 있었던 세상이 멀지 않았습니다. 2012년 신체 상황 인식 기술이 개발되면 가정 내에서는 가족의 건강 상태를 감지하여 집안의 온도, 습도가 자동으로 조절되고 병원에서는 응급 환자의 신분을 홍채로 인식하여 전국 병원에 저장된 진료 기록이 확인됩니다. 또한 2012년 가상 현실 시스템 기술이 개발되면 학교에서는 이 기술을 활용하여 개구리 해부 실험 등 실제와 동일한 과학 실험을 할 수 있고 지금은 소실된 문화재를 가상 공간에 복원하여 관람할 수 있게 됩니다. 2014년 입체 영상 기술이 개발되면 외출 전에 미리 어울리는 옷, 가방, 헤어스타일을 3차원 영상으로 살펴볼 수 있습니다. 2015년에는 후각 전달 기술의 개발로 인터넷을 통해 냄새까지 그대로 전달하여 느낄 수 있게 됩니다. 또한 국방 분야에서는 2015년 디지털 군복 기술이 개발되면 군인들은 시력, 청력을 향상시킬 수 있을 뿐만 아니라 색깔도 주변 색에 따라 수시로 바뀌는 군복을 입게 됩니다. 2018년 의료용 마이크로 로봇 기술이 개발되면 마이크로 로봇이 몸 곳곳을 돌아다니며 치료를 하게 됩니다. 영화나 소설 속에서 보던 것이 현실이 되는 것이죠. 그러나 이 보고서에 따르면 현재 우리나라는 네트워크 분야의 기술 수준은 높은 반면 의료, 건축, 국방 분야에서 IT 융합 기술력이 부족한 것으로 나타났습니다.

5과 1항 과제 2

명품은 사치스럽고 고급스럽다고 사회에서 일반적으로 인정을 받은 재화를 말합니다. 이러한 명품은 과거에는 주로 상류층만이 구매해왔지만 지금은 상류층에 속하지 않는 이들도 상류층을 모방해 명품 구매에 적극적으로 나서고 있는 추세입니다.

이런 고가품을 유난히 애호하는 소비자들을 흔히 '명품족' 이라 부르는데, 이는 크게 재력이 있는 계층과 없는 계층으로 나눌 수 있습니다. 부자 중에도 검소한 사람이 많지만 대체로 자신의 성취를 과시하고자 하는 젊은 부자나 갑자기 부자가 된 졸부들이 사치품을 더 선호하는 경향이 있습니다. 이들을 과시형 명품 소비자라고 부릅니다. 이 과시 욕구는 명품 구매의 대표적인 원인이라고 할 수 있지요. 그런데 문제는 경제력도 없으면서 사치품을 구매하는 소비자층입니다.

이들이 이런 고가품을 구매하고자 하는 동기는 다시 세 가지로 나눌 수 있습니다. 첫째, "남들이 다 하는 유행이니까 나도 따라가야 한다"는 동조형, 둘째, "명품은 나를 돋보이게 해 준다"고 생각하는 환상형, 그리고 마지막으로 부유층의 명품 소비를 보면서 사촌이 땅을 사면 배가 아프다는 식의 질시와 나도 그들과 다르지 않다는 평등 의식을 가지고 명품을 소비하는 질시형이 있습니다.

이 뿐만 아니라 고가품을 손에 넣었을 때의 성취감, 사치품 구입을 조장하는 광고나 드라마, 상류층간의 연결망 형성과 유지의 필요성 등도 현재 명품 구매를 부추기는 원인으로 제시될 수 있습니다.

5과 2항 과제 2

청소년들에게 돈의 가치와 철학을 전해 주는 '회계사 아빠가 딸에게 보내는 편지' 가 비룡 출판사에서 출간되었습니다. 이 책은 경제이론을 다루는 기존의 청소년 경제서들과 달리 돈을 대하는 바른 자세와 지혜로운 돈 씀씀이에 관하여 이야기해 주고 있습니다. 따라서 청소년들이 돈을 다루는 데 실질적인 도움을 주고, 돈이 가진 여러 가지 속성과 위험성뿐만 아니라 사금융, 국민연금, 내 집 장만, 주식 투자같이 오늘날 큰 이슈가 되고 있는 경제 문제까지 다루고 있어서 청소년들이 현대 사회를 바라보는 시각을 넓힐 수 있으리라 기대됩니다.

색인

- 문법 색인
- 어휘 색인

문법 색인

어휘 색인

YONSEI KOREAN 5

지문 출처

과	항/문화	출 처
01	1	[과제 1] 한국인보다 한글 더 잘 쓰는 시민 기자 '데니스 하트' _2007-08-22, OhmyNews, "한국말 잘한다고요? 겨우 쥐꼬리만큼 합니다" 「뉴스 게릴라를 찾아서 18」 김귀현(kimkui), 일부 발췌
	문화	한국어의 호칭이나 경어법을 결정하는 요인 _장소원 외(2002), 「말의 세상, 세상의 말」, 도서 출판 월인, p.193-p.194
02	1	[도입] 직업 · 직장을 선택할 때 고려하는 기준_한국경제신문 2007년 1월 1일 [어휘] 적성, 성격, 가치관_진로 정보 센터, 경기도 교육정보연구원 www.kerinet.re.kr [과제 1] 가치관 유형과 직업_진학 진로 정보센터, 서울시 교육정보연구원
	2	[과제 1] 최근 들어 '나만 잘하는 형(型)' 보다 '더불어 일하는 형(型)' 이 주가 올라_김연주 기자 carol@chosun.com
	문화	직업 풍속도_박재환(2004), 일상생활 연구회, 한울 아카데미 p.220~p.221
03	1	[과제 2] _이기중 '술 문화를 통해 본 한국인의 일상과 일탈' 발췌 · 수정, 한국 문화 총서1, 한국 문화와 한국인, 국제 한국학회 저, 사계절 출판사, 1998
	2	[도입] 여가 활동 베스트 10_2007. 1. 7일 쿠키 뉴스 [과제 1] 여가 생활도 배워야 즐긴다... 경제 아닌 복지 차원 접근해야_2007.01.05, 서완석 편집 위원 wssuh@kmib.co.kr에서 발췌
04	2	[과제 1] 하늘 나는 차 2009년 나온다_야브네(이스라엘) 로이터=뉴시스 [과제 1] 듣기 스크립트: 냄새까지 전달하는 인터넷 나온다_정보 통신부 보도자료 참조 [과제 2] 2050년쯤이면 몸은 죽어도 정신은 영생?_신정선 기자
	문화	정보화 시대의 문자 - 한글 _문중양 교수의 우리 역사 과학 기행 p.170-p.174 발췌, 문중양 2006, 동아시아, 우리도 몰랐던 한국의 힘 p.158-p.160 발췌, 경향신문 특별 취재팀 2006, 한스미디어
05	1	[과제 1] _조선일보 2007. 3. 17에서 요약 발췌
	2	[도입] _데이터뉴스 2007년 7월 11일 [과제 1] _이학명 Economy21 기자 [과제 2] 서른두 번째 편지: 인생에서 가장 중요한 것은 돈이 아니야 _야마다 유(2006)의 「회계사 아빠가 딸에게 보내는 편지 32+1」에서 부분 발췌
	문화	개성상인_민병덕, '옛날에도 일요일이 있었나요? 에서 요약 발췌
06	2	[과제 2] 듣기 스크립트_오주석, 『오주석의 한국의 미(美) 특강』, 솔, 2003 p.34~p.51에서 발췌 가공
	3	[과제] 두 번째 지문_2002년 수능 시험
	문화	고려청자 _유홍준 문화재 청장의 특설 강좌(1) 고려청자와 상감청자, 정리=최영창기자 ycchoi@munhwa.com 2004-11-04 에서 발췌 · 가공
08	2	[과제 2] _부산일보 2007. 09.29. 09:58
	문화	배움과 선비_국립국어연구원(2002), 우리 문화 길라잡이, 학고재 p.238-p.240
09	2	[도입] 위기에 빠진 세계의 주요 강_조선일보 2007년 3월 21일 A21면 [과제 1] 듣기 스크립트 _2007년 3월 15일 (목) CBS 뉴스레이다 1부 (FM98.1 MHz 매주 월~금 08:00~08:20 진행: 김규완 노컷뉴스 부장) (대담: 이치범 환경부 장관)
	문화	한국의 땅 - 한반도 _정창희, "한반도는 어떻게 형성됐나", 한국의 자연과 인간, 김정배 외(1997), 서울: 우리 교육, 63-69쪽, 경향신문 특별 취재팀 지음(2006), 우리도 몰랐던 한국의 힘, 서울: 한스 미디어
10	2	[과제 1] 듣기 스크립트_「TV칼럼」 나눔의 미학, SBS 8시 뉴스, 2007-08-27, 한비야
	문화	진정한 부자 - 경주 최 부잣집 _조용헌(2004), 5백년 내력의 명문가 이야기, 푸른 역사 42-50쪽